姓名學精粹

鄺偉雄

圓方立極

「天圓地方」是傳統中國的宇宙觀，象徵天地萬物，及其背後任運自然、生生不息、無窮無盡之大道。早在魏晉南北朝時代，何晏、王弼等名士更開創了清談玄學之先河，主旨在於透過思辨及辯論以探求天地萬物之道，當時是以《老子》、《莊子》、《易經》這三部著作為主，號稱「三玄」。東晉以後因為佛學的流行，佛法便也融匯在玄學中。故知，古代玄學實在是探索人生智慧及天地萬物之道的大學問。

可惜，近代之所謂玄學，卻被誤認為只局限於「山醫卜命相」五術及民間對鬼神的迷信，故坊間便泛濫各式各樣導人迷信之玄學書籍，而原來玄學作為探索人生智慧及天地萬物之道的本質便完全被遺忘了。

有見及此，我們成立了「圓方出版社」（簡稱「圓方」）。《孟子》曰：「不以規矩、不成方圓」。所以，「圓方」的宗旨，是以「破除迷信、重人生智慧」為規，藉以撥亂反正，回復玄學作為智慧之學的光芒；以「重理性、重科學精神」為矩，希望能帶領玄學進入一個新紀元。「破除迷信、重人生智慧」即「圓而神」，「重理性、重科學精神」即「方以智」，既圓且方，故名「圓方」。

出版方面，「圓方」擬定四個系列如下：

1. 「智慧經典系列」：讓經典因智慧而傳世；讓智慧因經典而普傳。
2. 「生活智慧系列」：藉生活智慧，破除迷信；藉破除迷信，活出生活智慧。
3. 「五術研究系列」：用理性及科學精神研究玄學；以研究玄學體驗理性、科學精神。
4. 「流年運程系列」：「不離日夜尋常用，方為無上妙法門。」不帶迷信的流年運程書，能導人向善、積極樂觀、得失隨順，即是以智慧趨吉避凶之大道理。

在未來，「圓方」將會成立「正玄會」，藉以集結一群熱愛「破除迷信、重人生智慧」及「重理性、重科學精神」這種新玄學的有識之士，並效法古人「清談玄學」之風，藉以把玄學帶進理性及科學化的研究態度，更可廣納新的玄學研究家，集思廣益，使玄學有另一突破。

鄺偉雄師傅簡介

鄺偉雄先生，廣東省開平市人士，香港著名風水命理學家，從八零年代開始執業，經常接受本地各大傳媒如無線電視台、鳳凰衛視、華娛衛視、香港電台等訪問，介紹正確的玄學知識，以科學及理性的角度去理解中國的傳統國粹。

鄺師傅研究玄學，乃從理性及實際的角度出發，除去迷信成分，以學術性、應驗性、哲學性為重點，用中國的傳統術數，配合現代社會的發展情況，作出新的演繹，不固步自封，亦不嘩眾取寵，是以深受國內外人士讚譽。

鄺師傅從九十年代中開始已經走遍中國大江南北，將沉寂了一段長時間的術數，重新開始推廣，將正統的中國術數，往正確的方向伸延。

讀者如欲觀看鄺師傅親身解説姓名學，
請掃描此 QR 碼，以連結訪問影片。

再版序

《姓名學精粹》一書，自初次面世至今已有一段日子，相信讀過初版、二版內容的讀者，應該知道中國子平命理，配合五行、形聲、會意、假借的改名方式，與坊間、網絡上大行其道算筆劃的熊崎式八十一靈動數為主的姓名學，是有很大的不同。

隨着讀者對玄學知識水平的日漸提升，是以今次藉由圓方出版社重新推出本書的機會，重點再優化一些理論，豐富一些資料，並且增加一些實際例子，讀者一則可以温故知新，二則可以舉一反三，希望本書能夠將中國正統姓名學，推廣普及，並且對需要改名的朋友，作為改名時的參考。是為序。

鄺偉雄

目錄

再版序 7

第一章 姓名學緒論

姓名學的種類 14
姓名學源流 20
姓名學的作用 29
姓名與命理 32
姓氏的吉凶 38
論同名同姓 42

五行相生相剋 44
五行分辨法 47
運程的分別 58
出生地的配合 62
地支的來源 66
化解命中六沖的文字 71
天干地支的配合 73
第二章　字的五行、八卦分類
一字兩五行 80
論字分寒濕燥熱 86
名字與疾病 94

族譜字派 103
乾卦入字 109
兌卦入字 113
離卦入字 117
震卦入字 121
巽卦入字 125
坎卦入字 129
艮卦入字 133
坤卦入字 137

第三章　命名宜忌

「龍」、「虎」的喜忌 142

驛馬星動 149
花名及乳名 156
行運當旺字 159
論英文名的配合 164
筆劃五行 171
字劃起數 178
易經姓名學 182
第三章　命與字配合名人實例
楊千嬅 224
張學友 227
周潤發 230

周杰倫 233
馬榮成 235
阮玲玉 238
李小龍 241
翁美玲 245

第一章

姓名學緒論

姓名學的種類

姓名學究竟是甚麼東西？如果按照字面解釋，就是根據一個人的姓氏名字，去分析一個人的運氣、性格、才情的好壞，謂之姓名學。

姓名學的種類很多，令人目不暇給，而目前坊間最流行的，是由日本傳入中國的熊崎式姓名學。這種計算姓名的方式，無需得知改名人本身的其他資料，如時辰八字之類，就按照名字中的筆劃配合去推斷吉凶。（見圖一）

第二類是利用中國傳統的八卦，是按照《易經》的卦象而起數，將一個人的名字配合八卦，去分析姓名的吉凶。（見圖二A及註釋、圖二B）

（圖一）

字	筆畫	格
諸	16	
		天格 31（木）
葛	15	
		人格 24（火）
亮	9	
		地格 10（水）
假成	1	

內格（火金）

外格 17（金）

總格 40（水）

（圖二A）

字	筆畫	格
○	1	
		天格 20
鄭	19	
		人格 28
品	9	
		地格 26
聰	17	

外格 18

總格 45

註釋：地格26除8餘2，即兌☱為內卦。
總格45除8餘5，即巽☴為外卦。
鄭品聰先生之基本卦為風澤中孚䷼。

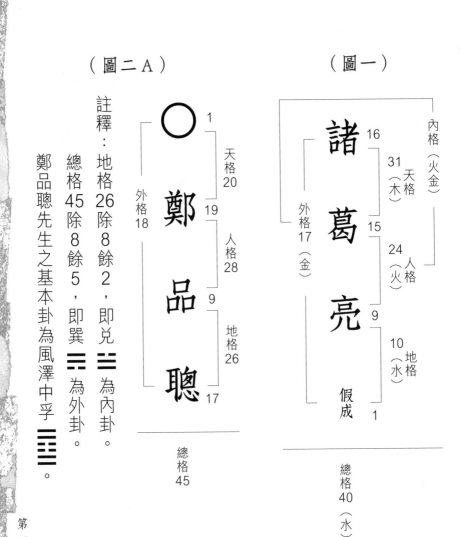

（圖二B）

欽定四庫全書　　欽定協紀辨方書　卷一　　八

後天八卦次序

乾父 ☰　　坤母 ☷

震長男 ☳　坎中男 ☵　艮少男 ☶

巽長女 ☴　離中女 ☲　兌少女 ☱

說卦傳曰乾天也故稱乎父坤地也故稱乎母震一索而得男故謂之長男巽一索而得女故謂之長女坎再索而得男故謂之中男離再索而得女故謂之中女艮三索而得男故謂之少男兌三索而得女故謂之少女

欽定四庫全書　　欽定協紀辨方書　卷一　　九

後天八卦方位

說卦傳曰帝出乎震齊乎巽相見乎離致役乎坤說言乎兌戰乎乾勞乎坎成言乎艮邵子曰乾統三男於東北坤統三女於西南乾坎艮震為陽巽離坤兌為陰

另一類中國式的姓名學，是根據《易經》中的兩儀、四象去取數，分為老陽、老陰、少陽、少陰，用陰陽配合的方法，求得好名。（見圖三）

（圖三）

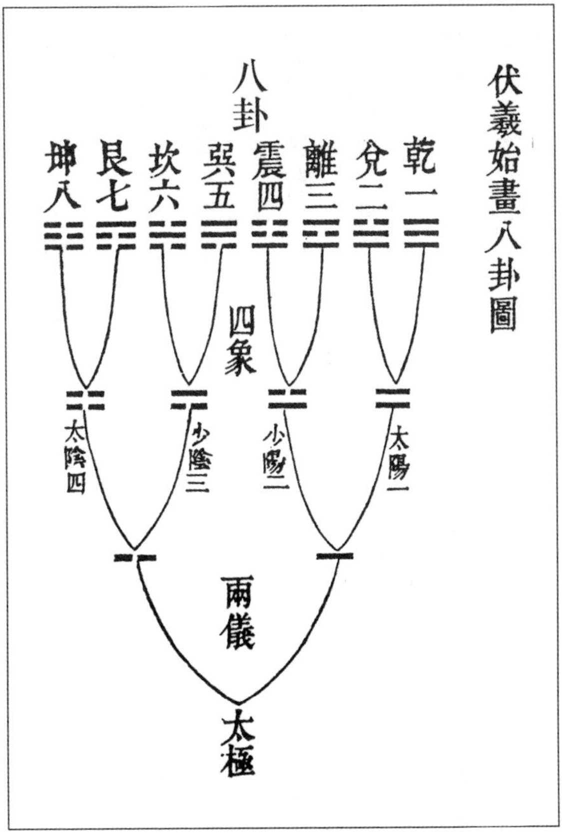

又有用《河圖洛書》的「五子數」，取一六是水、二七是火、三八是木、四九是金、五十是土，配合而論吉凶。（見圖四）

觀乎以上改名的方法繁多，令人不知如何選擇，本書將會介紹簡單而最實用的取名方法，讀者可作參考。

如果讀者本身有一點子平命理的基礎，又或者對《通勝》之內的天干、地支擇日等有接觸過，本書將會引領你到一個術數世界的更廣闊層面。

如果你只是對自己或子女的姓名好壞有興趣，而是術數的新丁，不要緊，本書亦會由淺入深，帶引你進入術數界的大門。

如果你將會有新生嬰兒降臨，本書亦會對閣下的子女命名有很大的幫助。

（圖四）

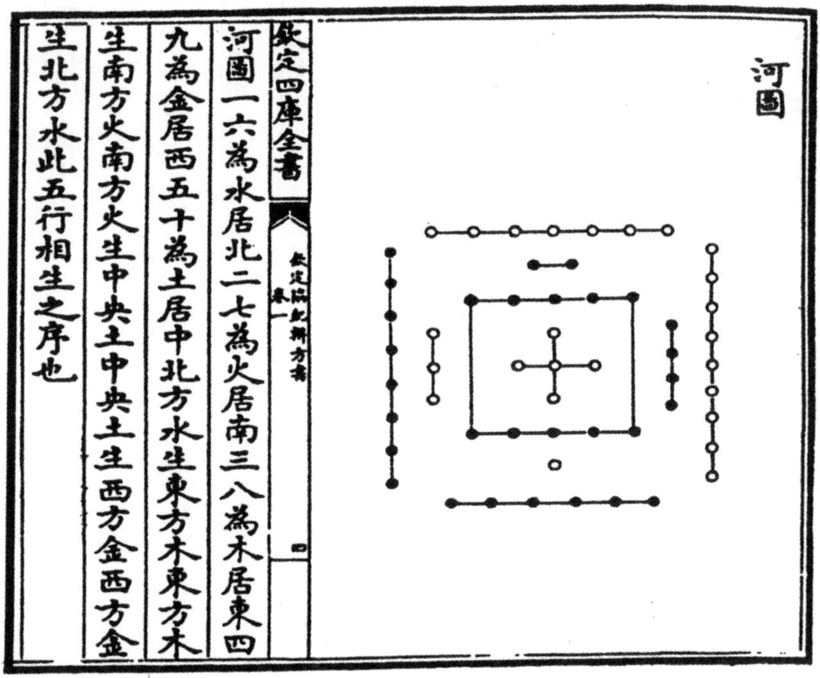
欽定四庫全書

河圖

欽定協紀辨方書 卷一 四

河圖一六為水居北二七為火居南三八為木居東四九為金居西五十為土居中北方水生東方木東方木生南方火南方火生中央土中央土生西方金西方金生北方水此五行相生之序也

姓名學源流

最早將中文字分為五行類別的時間已不可考，但按照古術數書籍《大六壬課》中，將中國人的姓氏分為五行地支，再配合占算運用，已經算是可以追查得到而又明顯的例子。（見圖一）

（圖一）

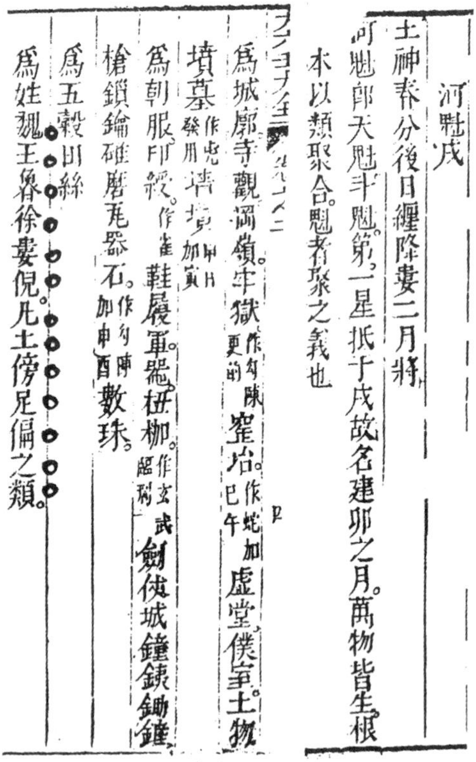

河魁戌

土神春分後日纏降婁二月將

河魁即天魁斗魁第一星抵于戌故名建卯之月。萬物皆生根本以類聚合。魁者聚之義也

大六壬大全 卷之二

為城廓寺觀洞嶺。牢獄作勾陳更的 窯冶。作蛇加巳午 虛堂。僕宰。土物

墳墓作虎發用 墻垣加寅卯

為軍服。印綬。作雀 鞋履軍器。杻枷。作玄武縊刑 劍俠城鐘鐐鋤鏟

槍鎖鑰碓磨瓦器石。作勾陳加申酉 數珠。

為五穀田絲

為姓魏王魯徐婁倪。凡土傍足偏之類。

而後期演變而成的姓名學，是隨着子平命理而漸漸形成，而子平命理的發展，在宋朝就已經完全成熟。換言之，中國的姓名文字，配合命理的用法，少說也有數百年歷史。

坊間流行的熊崎式姓名學，則是近代才興起的。這種姓名學起數的方式，是用中國的天干數，乃源出中國準是毫無疑問，但發揚光大者，則是日本人熊崎先生，所以真正的發明者，已難定奪。

有趣的是，中國傳統以來，並沒有一本古書是專門介紹姓名學而流傳後世的。相反，命理、堪輿之類的書籍，則多不勝數，叫人難分真假。而近代姓名學書籍，則大多數是根據熊崎式姓名學中，八十一靈動數為引伸藍本，並未有新的創見。（見下文第22頁至第28頁）

○ 一數（健全）天地開泰太極首領數

X 二數（亂離）混沌未定分離破壞數

○ 三數（吉祥）進取如意增進繁榮數

X 四數（凶變）朔體凶變萬事休止數

○ 五數（祿壽）福祿壽長名利雙收數

○ 六數（安穩）安穩餘慶吉人天相數

○ 七數（精悍）剛毅果斷全盤整理數

○ 八數（堅剛）意志剛堅勤勉發達數

X 九數（凶惡）興盡凶始窮乏困苦數

X 十數（寥落）萬事終局充滿損耗數

○ 一一數（挽回）挽回家運春陽成育數

X 一二數（不足）意志薄弱家庭寂寞數

○吉

△平

X凶

○ 一三數（智略）智謀超群奇略縱橫數

X 一四數（破兆）淚落天涯失意煩悶數

○ 一五數（福壽）福壽拱照立身興家數

○ 一六數（仁厚）貴人得助天乙貴人數

○ 一七數（剛健）突破萬難剛柔兼備數

○ 一八數（成功）有志竟成內外有運數

X 一九數（流亡）風雲蔽月辛苦重來數

X 二十數（破滅）非業破運空虛二重數

○ 二一數（明月）明月光照質實剛健數

X 二二數（秋草）秋草逢霜兩士鬥爭數

○ 二三數（壯麗）旭日東昇發育茂盛數

○ 二四數（餘慶）家門餘慶收實豐饒數

○吉 △平 X凶

○ 二五數（英俊）資性英敏口言剛毅數
X 二六數（變怪）變怪異奇希望遲成數
△ 二七數（增長）慾望無止不意挫折數
X 二八數（離別）自豪生離死忠多險數
△ 二九數（不平）慾望難足企圖有功數
X 三十數（浮沉）絕死逢生運途分歧數
○ 三一數（智勇）智勇得志安全第一數
○ 三二數（僥倖）僥倖所得，意外惠澤數
○ 三三數（剛毅）家門隆昌威震天下數
X 三四數（破家）破家亡身財命危險數
○ 三五數（平安）溫和平安，優雅發展數
X 三六數（波瀾）風浪靜義俠薄運數

○吉 △平 X凶

○ 三七數（權威）權威顯達，發展根本數
△ 三八數（薄弱）意志薄弱特有意義數
○ 三九數（富貴）富貴榮華，三世同盟數
X 四十數（守安）謹慎保安，豪膽邁進數
○ 四一數（名利）德望高大忠愛堅實數
X 四二數（能多）十藝不成，黑暗慘澹數
X 四三數（散財）雨夜之花數
X 四四數（煩悶）愁眉難展悲哀續出數
○ 四五數（順風）新生泰運，萬事解決數
X 四六數（怪奇）羅網繫身，離祖成家數
○ 四七數（美化）開花結子最大權威數
○ 四八數（英遇）有德且智顧問尊敬數

○吉 △平 X凶

△ 四九數（轉變）吉凶難分，不斷辛苦數

X 五十數（哀愁）一成一敗，吉凶參半數

△ 五一數（盛衰）盛衰交加，天運享受數

○ 五二數（卓識）先見之明，理想實現數

X 五三數（內憂）心內憂愁，甘蔗好尾數

X 五四數（慘澹）多難非運慘絕餓死數

△ 五五數（善惡）外美內苦船舶登山數

X 五六數（晚凶）暮淒涼周圍障害數

○ 五七數（寒鶯）寒雪青松最大榮運數

△ 五八數（厄難）先苦後甘，寬宏揚名數

X 五九數（破產）車輪無役不埒敢行數

X 六十數（無謀）黑暗無光，福祿自失數

○吉　△平　X凶

○ 六一數（禎祥）名利雙收，修練積德數

X 六二數（衰敗）基礎虛弱艱難困厄數

○ 六三數（富榮）富貴榮達，共同親和數

X 六四數（困厄）骨肉分離修身功果數

○ 六五數（圓滿）富貴長壽光明正大數

X 六六數（不和）內外不和多慾失福數

○ 六七數（通達）利路亨通萬商雲集數

○ 六八數（力行）興家立業快活寬容數

X 六九數（滯塞）座位不安，處世多難數

X 七十數（廢亡）廢物滅亡，家運衰退數

△ 七一數（勞苦）養神耐勞，正氣堂堂數

X 七二數（陰雲）未雨綢繆，萬難甘受數

○吉 △平 X凶

△ 七三數（無勇）志高力微正義奮鬥數

X 七四數（不遇）沉淪逆境，秋葉落寞數

○ 七五數（守安）守則可安利害明棄數

X 七六數（離散）傾覆離散抱負發現數

○ 七七數（後凶）樂極生悲家庭有悅數

X 七八數（晚苦）晚境悽滄功德光榮數

X 七九數（不伸）挽回乏力，身邊困擾數

X 八十數（遁吉）凶星入度消極縮小數

○ 八一數（重福）還元復始積極盛數

○吉　△平　X凶

姓名學的作用

「唔怕生壞命，最怕改壞名」，是中國人的老生常談。

姓名對運氣所起的作用，是「雪中送炭，錦上添花」。不要迷信改名後會令人大富大貴。一個人的富與貴，由很多因素組成，遠至祖墳，近至陽居，再而生辰八字、掌紋、面相。這些先天的因素，已經將人一生的模式大致形成，所以說：

本身是富貴，好名字的作用是錦上添花。
本身是平凡，好名字的作用是貴人多助。
本身是貧乏，好名字的作用是雪中送炭。

當一個人行好運的時間，事事順利，即使有困難亦可以輕易解決。這一類人，其姓名對運氣起不了大作用，就好比身體健康的人，不用進補吃藥一樣。

但當一個人運氣低落，事事阻滯，困難重重的時候，名字的好壞就有一定的影響力，就好比身患重病的人，得到特效藥去醫治一樣，雖然結果未知，但起碼具幫助的作用。

但因為每一個人的先天基礎不同，於是便有不同的效果，有一些人先天命理八字結構近乎平衡並不是相差很遠，只是差一點兒便可以平衡，這樣，名字便起了很大的作用，而且見效亦快，立竿見影。

另外一類人先天八字平衡點相差很遠，甚至乎有偏枯的情形出現，例如火極多而又極旺，而只得一丁點水去滋潤，起不了作用，又或者水極多又極旺，而只得一點小火去溫暖，這樣先天不足的情況下，名字的作用，便要花一段較長的時間，才可以看見有明顯的作用，甚至乎要依靠大運的轉變，才可以扭轉乾坤。

但總括來說，除了一小部分先天八字極好，又行平均無波折的大運的人除外，好名字對一個人的影響力，是無可否認的，分別只是時間快與慢的問題而已。

姓名與命理

要改名，首先要知道改名者的出生年、月、日、時，俗稱時辰八字或四柱八字。

用出生時間排出時辰八字，計算出命中有何喜忌，是否五行齊全？何者五行最多？例如水多或金多？這是改名的最基本要求，但又並非代表全部。

排八字要請教專家，但當然會有比較簡單的分辨五行的旺與弱方法，就是用出生月份去分辨，要注意是用陽曆的出生日期，而並非用農曆的出生日期去

女命

官	劫		食
己	癸	壬	甲
巳	酉	辰	辰
才 印煞	印	傷 劫煞	傷 劫煞

甲戌 乙亥 丙子 丁丑 戊寅 己卯 庚辰 辛巳

酉令壬日 印星當令 而制得宜 制煞吐秀 詩書精學 官亦不助 與子均貴 夫人之榮

秋水通源 官煞均旺 時妙甲食 純粹人品 運途無火 印不傷夫 誥封二品

計算，首先用陽曆生日查看出生月的地支：

節氣	陽曆月份	日期
立春	寅二月	4或5日
雨水		19或20日
驚蟄	卯三月	5或6日
春分		20或22日
清明	辰四月	5或6日
穀雨		20或21日
立夏	巳五月	5或6日
小滿		21或22日
芒種	午六月	5或6日
夏至		20或21日
小暑	未七月	7或8日
大暑		23或24日

節氣	陽曆月份	日期
立秋	申八月	7或8日
處暑		23或24日
白露	酉九月	7或8日
秋分		23或24日
寒露	戌十月	8或9日
霜降		23或24日
立冬	亥十一月	7或8日
小雪		22或23日
大雪	子十二月	7或8日
冬至		22或23日
小寒	丑一月	5或6日
大寒		20或21日

然後再查左表看看命中的喜忌，便可以簡單分辨出自己的姓氏和名字是好是壞。（姓氏與名字的五行分辨方法在以後章節再解釋。）

月建	二十四節氣	喜忌用神
寅月 卯月 辰月	節：立春，氣：雨水。 節：驚蟄，氣：春分。 節：清明，氣：穀雨。	2月4日立春至3月21春分用火、土、金。 3月22日至5月4日用金、水。
巳月 午月 未月	節：立夏，氣：小滿。 節：芒種，氣：夏至。 節：小暑，氣：大暑。	5月5日立夏至8月7日用金、水。
申月 酉月 戌月	節：立秋，氣：處暑。 節：白露，氣：秋分。 節：寒露，氣：霜降。	8月8日立秋至9月22日水、木。 8月23日秋分至11月6日用木、火。
亥月 子月 丑月	節：立冬，氣：小雪。 節：大雪，氣：冬至。 節：小寒，氣：大寒。	11月7日至2月3日用木、火、土。

註：春季木旺以金為主，初春氣仍寒冷，必需要火暖金、土助金為幫助，故五行用火土金。春分後氣候轉熱，必需要水，故五行用金水。

夏季火旺炎熱以水為主，並用金生水，故五行用金水。

秋季金旺以木為主，秋分前炎氣未減，以水生木解炎，故五行用水木；秋分後天氣漸涼，以火暖木。故五行用木火。

冬季水旺以火為主，並以木生火、土制水，故五行用木火土。

若概略已知五行所屬，亦知本身命格的喜忌，則可以選擇適當的文字作為改名之用。以下有一些例子，可供參考：

命中忌水的人：名字內不宜見水字邊部首及筆劃；

例如：水、氵、辶、雨、冫、舟、魚、鼠……

命中忌火的人：名字內不宜見火字邊部首及筆劃；

例如：火、心、忄、日、月、灬、夕、馬……

命中忌木的人：名字內不宜見木字邊部首及筆劃；

例如：木、艹、瓜、禾、衤、竹、米、糸、羽、虎……

命中忌金的人：名字內不宜見金字邊部首及筆劃；

例如：金、口、舌、酉、車、辛、阝、刂、刀、鳥……

命中忌土的人：名字內不宜見土字邊部首及筆劃；

例如：土、田、方、玉、石、牜、犭、艮、龍……

案例：二〇一五年陽曆五月十八日下午六時出生

此人名字是：王炎佳

八字是：

年　**乙未**

月　**辛巳**

日　**甲午**

時　**癸酉**

陽曆六月出生的命，為夏天之命，查表得知道夏令是忌火、宜金水，所以改名必須要用金水字邊部首為主的名字，而要避開一些火字邊部首及筆劃的名字，原名炎字屬火，佳字屬土，並不是合適的名字。

姓氏的吉凶

一個人的姓氏，對姓名學有很大的影響，皆因姓氏由祖先而來，不能改變，同時又代表父系的姓氏，好與壞須由姓氏本身的五行算起，再配合出生的月份，便可以知道一個大概。例如生於春天，乃忌木之命，如果姓陳、林、楊、葉等木字部首姓氏，便代表祖基無助力，得父親的助力小而要白手興家。

我們可以用出生月份配合姓氏去作出下列判斷：姓氏代表一個人的早年運程，即二十五歲之前的運氣，當我們知道自己的姓氏的好壞之後，便須要用名字去補救不足。相反，如果姓氏對命中五行有助力，則代表一生人有先天的助蔭，而長輩或者父母亦有一定的助力，逢凶化吉，甚至有家宅風水庇蔭。如果運程順利，在三十歲前已經丁財兩旺，承繼祖業。

如果姓氏對本命無助或者是忌神，代表早年辛勞少獲，缺乏父母的助力，必須白手興家。如果運程不配，更會早婚失敗，破財損丁。

姓氏五行可以參看下表：

姓氏五行	姓氏舉例
金	金、錢、鄭、邵、袁、申、辛、呂、區、歐、元、白、向、費、賈、刁、寇、右、惠、車、侯、武、劉、燕、連、寇、阮、關、軒轅
木	陳、林、葉、楊、李、蘇、簡、蔡、麥、莫、葛、卓、柯、董、張、高、毛、莊、梅、華、程、宋、杜、萬、薛、蔣、秦、曹、魏、姜、奚、苗、花、柳、滕、常、余、穆、蕭、姚、米、茅、祝、藺、藍、麻、強、徐、余、高、樊、管、樂、繆、宣、單、杭、左、裴、翁、芮、巫、弓、符、東、薄、蒲、籍、蒙、莘、翟、桂、柴、慕、利、巢、查、荊、遊、竺、蓋、喬、東方、慕容

姓氏五行	水	火	土
姓氏舉例	沙、池、凌、冷、任、郭、海、何、廖、懷、梁、溫、汪、孔、孫、江、沈、潘、洪、霍、湛、游、湯、譚、鄔、冼、容、涂、雷、孟、褚、韓、嚴、竇、雲、俞、鮑、廉、雷、賀、鄔、烏、安、齊、康、顧、湛、汪、貝、席、顏、季、虞、文、閔、諸、宮、模、聞、譚、浦、容、都、滿、文、沃、聶、范、卞、虞、庾、諸葛、公孫	許、丁、馬、駱、榮、勞、夏、鄧、詹、曾、曹、馮、胡、章、狄、吳、易、明、耿、衛、尤、章、于、伍、佘、熊、危、夏、應、鄧、包、景、懷、晏、瞿、曾、任、伍、司馬、歐陽、夏侯	王、黃、田、陸、戴、路、羅、甄、龍、邱、方、趙、石、陶、史、成、周、陶、施、戚、彭、魯、史、唐、甘、岑、畢、郝、龐、紀、屈、路、童、盛、盧、房、韋、解、宗、郁、崔、龔、邢、陸、封、靳、牧、谷、班、仲、幸、施、黎、璩、敖、饒、益、彭、酈、鄒、祁、郎、步、皇甫、司徒、司空

以上姓氏根據百家姓中百分之九十以上常用的姓氏，編出五行屬性，而一些不被採錄的姓氏，讀者只要根據部首、偏旁、字義等基本原理，當可自行分辨出姓氏五行。

論同名同姓

為甚麼姓名學不能獨立自主？一定要依據出生的時辰八字去配合呢？因為單論姓名，同名同姓的人很多。例如與富商李嘉誠同名同姓者，相信不少，但際遇、財富之不同，是不可同日而語。

另一方面，同一時間出生的人，亦會因為姓氏的不同，而使命途也有天淵之別。

例如：若有兩人命中五行欠金，或者金弱、金少，或以金為財者，其中一人姓劉，或姓鍾，或姓金，則補足五行，運程順利，步步高陞。而另外一人，姓氏無金，更加以火字姓，例如姓榮、姓曹（日字部首是火），乃火旺剋金，則與前者的運氣便大相逕庭，吉凶立見。如圖一。

所以即使時辰八字相同的人，都會有不同的命運，更可況是名字乃後天的東西，其影響力與先天不可同日而語。

所以，單論姓名而不論八字五行的配合，是沒有意義的，這一點亦都説明了現代日本熊崎式姓名學的八十一靈動數的缺點。

（圖一）

年	月	日	時
丁酉	**乙巳**	**戊午**	**丙辰**
夏土燥裂	用金生水為用神	姓劉與姓榮	則吉凶天淵之別

五行相生相剋

每一個人都有姓名，而每一個文字都可以分五行，要先分五行生剋，才可以論姓名吉凶。

五行相生的關係：

金生水，水生木，木生火，火生土，土生金。（見圖一）

相生的意義是：協助、保護、疼愛、給予、不勞而獲。

一般而言，五行均喜愛相生，但

（圖一）五行相生

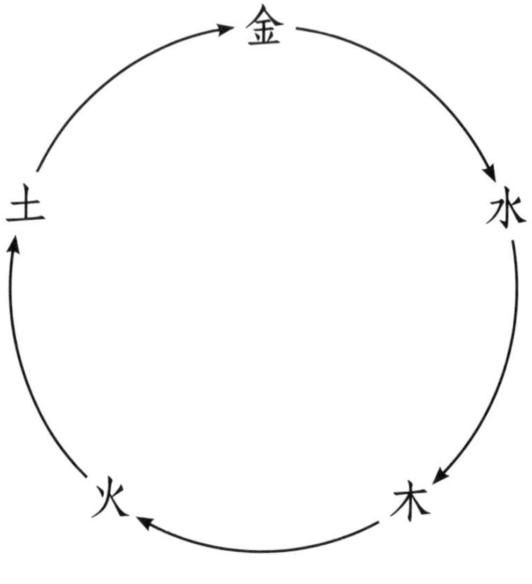

有時相生太多，則有反效果，變成溺愛、縱容、連累的意思。

五行相剋的關係：

金剋木，木剋土，土剋水，水剋火，火剋金。（見圖二）

相剋的意義是：受欺負、受壓制、受掌握、被玩弄、被管理。

一般而言，五行均不喜被剋制，但有時候相剋反而會有好效果。

例如一個人個性放任，但很有才

（圖二）五行相剋

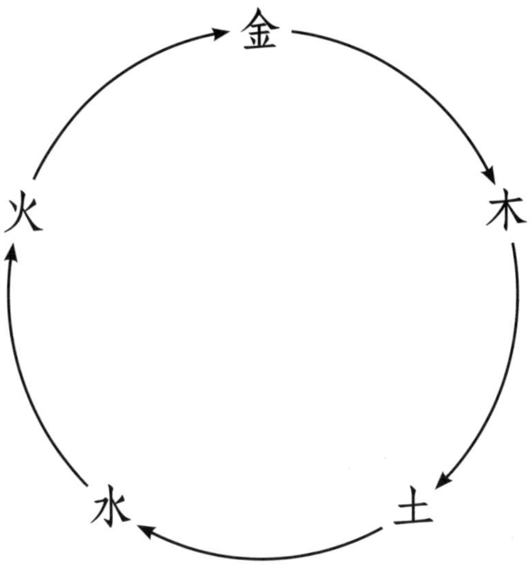

華，若加以管理教育，便可以成才。所以不能夠單看相剋便斷定是凶。

相生、相剋的作用，對改名有很大影響力，例如夏天出生的人，命內火多燥熱，要取水字邊文字的五行相調劑，乃用水剋火的方法去選字改名。

五行分辨法

看名字好壞，首先要分文字本身的五行。一個中文字的五行分別，並不是一成不變地數筆劃。正式正確的替一個字分辨五行，應該分開下列幾個次序：

（一）先看字面有沒有明顯的金木水火土字部首，如果有，則可以先取用五行十分明顯的字，例如：

鈞：五行是金，

城：五行是土，

森：五行是木，

沛：五行是水，

灼：五行是火。

（二）如果沒有明顯的五行字旁，則應該看看字本身的意思，是否有五行的意思，如果有，則可以取用，例如：

早：從日字部，而且早上太陽，必然是屬火字。

舟：舟在水上，近水為用，必然是屬水字。

里：里中有田，且里以量地，必然是屬土字。

柴：柴由木造，且柴中有木字，必然是屬木字。

剛：金性至剛，必然是屬金字。

（三）如果以上兩種方法都用不上，則可以用部首查看，有否五行的消息，一些基本的部首五行屬性如下：

牽、**特**、**牡**：為牛字部首，五行是丑土。

狄、**狀**、**猜**：為犬字部首，五行是戌土。

無、照、烈：是下面四點是火字部首。
怡、恆、恭：是心字部首，五行屬火。
玫、琪、珍：是玉字部首，五行屬土。
笑、範、簡：竹花頭是屬木的部首。
英、若、華：草花頭是屬木的部首。
初、裕、表：衣字部首，成衣布匹五行屬木。
邢、郁、邦：右邊耳朵旁是邑字部首，邑為古代的小城，五行屬土。
阿、陛、隆：左邊耳朵旁是阜字部首，阜是高大的土山，五行屬土。
景、昌、昆：從日字部首，五行屬丙火。
因、國、回：外圍的四方形部首是屬土。
另、只、司：是口字部首，口為兑卦，五行屬金。

巴、**巷**、**宛**：是巳字在內，五行屬巳火。

何：何中有丁，五行屬丁火。

（四）有些字本身就是有天干、地支在內，則五行更加明顯，例如：

任：任中的壬字是天干壬水。

學：學中的子字是地支子水。

演：演中的寅字是地支寅木。

卿：卿中的卯字是地支卯木。

酒：酒中的酉字是地支酉金。

婷：婷中的丁字是天干丁火。

（五）更有一些用會意、同音的方法取五行，例如：

仁：仁與寅同音，五行屬木。

信：信與巽同音，五行屬木。

（六）有一些字，要按照本命五行的六神關係去取五行，則一定要對子平命理有認識，才分辨得到，例如：

「**我**」字：我即自己，要看——

本命五行屬金，則我字屬金。

本命五行屬木，則我字屬木。

本命五行屬水，則我字屬水。

本命五行屬火，則我字屬火。

本命五行屬土，則我字屬土。

「**財**」字：要看本命——

以金為財星，則財字屬金。

以木為財星，則財字屬木。

以水為財星，則財字屬水。

以火為財星，則財字屬火。

以土為財星，則財字屬土。

「**夫**」字：要看本命——

以金為夫星，則夫字屬金。

以木為夫星，則夫字屬木。

以水為夫星，則夫字屬水。

以火為夫星，則夫字屬火。
以土為夫星，則夫字屬土。

（七）以上六種方法都找不到字的所屬五行時，我們才可以用數筆劃的方法去決定字的五行。從筆劃的多少分出所屬五行的數目如下：

一、六是屬水，
二、七是屬火，
三、八是屬木，
四、九是屬金，
五、十是屬土。

看看筆劃數五行，是否命中所喜，有否對姓氏有相剋，則姓名好壞，思過半矣。

另外有一種順序相生的名字，就是由下往上生，第三個字生第二個字，第二個字生第一個字，這種由下往上接續相生的叫「三傳遞生格」。

這種格局代表一生有人幫助，亦有人間接或暗中幫助而不自知，總之是貴人多多，但亦必須要與命理相配合。

遞生格的名人如下：

例一：

朱（水）
生
元（金）
生
璋（土）

明太祖朱元璋的名字如前述，「朱」字即是「豬」字同音類，五行是「亥」水；「元」字五行屬金；「璋」是王字旁是玉石，五行是土，於是成為三傳遞生格。

例二：

李 木

生

澤 水

生

鉅 金

李澤鉅先生是著名年青一代政商界名人，對香港甚至全球經濟舉足輕重，名字亦是三傳遞生格。「李」字是木頂，五行屬木；「澤」字是水旁，五行屬水；「鉅」字是金邊，五行是金，於是形成「三傳遞生格」，一生逢凶化吉，青雲得路。

但亦有「三傳互剋格」，書云：「三傳互剋眾人欺」，代表一生小人多多，眾口一詞，對當事人不利。

「三傳互剋格」是第三個字剋第二個字，第二個字剋第一個字。改名字應盡量避免使用。

例如：

林（木）
　剋
鈺（金）
　剋
婷（火）

「林」字屬木，「鈺」字有金字旁屬金，「婷」字丁字底是丁火，即成「三傳互剋格」。

運程的分別

姓氏名字當中，有人會用兩個字組合的姓名，亦有人用三個字組合的姓名。如果是複姓，則會有四個字組合的姓名出現，但不同字數的姓名，又有甚麼分別呢？

其實這在姓名學上的分別不大，只是取數及計算方式有一定程度上的出入，但只要配合得宜，基本上是沒有大問題的。

如果以三個字的姓名論命，平均每一個字大約代表二十五年，即第一個字代表二十五歲前，第二個字代表二十六至五十歲，第三個字代表五十一歲以後的運氣。

姓與名能代表運程及時間的關係和功能，所以，就是單看名字配合八字，其人一生的運氣，亦會有一個大概的代表性。

試舉一個例子：一個生於炎夏六月，再加上於中午火旺的午時或未時出生的人，姓名叫做王江海。

王 → 25歲前

江 → 26至50歲

海 → 51歲後

由於夏天出生的人火旺，忌火土，喜用金水，卻由於王字是屬土，代表了二十五歲之前的他困苦不堪，要直至二十六歲以後入江字，再由五十一歲入海字後，運程才漸漸平步青雲，事事順利。

當然，這只是一個概略，其他的如姻緣、夫星、妻星、子女、財富等，均要由其他方面去研究，但按照筆者的經驗，這種斷法非常準確，而且往往與一生人的大運，十分吻合。

再例，兩個字的姓名，就以姓氏作為上半生，即大約三十六歲前的運氣，而第二個字則代表下半生三十七歲至晚年的運氣。

王 → 36歲前

江 → 36歲後

至於四個字的姓名，便按照以上的方法去分析，第一個字大約代表二十歲以前，第二個字代表二十一至四十歲，第三個字代表四十一至六十歲，第四個字代表六十一歲以後。

歐 → 20歲前

陽 → 21至40歲

江 → 41至60歲

海 → 60歲後

由此可見，如果姓名中，就算只有一個字不配合五行，則最少有二十年的不良影響。因此，改名要謹慎處理，所謂「唔怕生壞命，最怕改壞名」，這句說話，不無道理。

出生地的配合

根據命理學，出生地點與命理有莫大的關係，以下一個故事，讀者可從中略知一二。

話說古時有一位算命先生，他的生辰八字與關雲長的八字相同，排出的四柱是戊午年、戊午月、戊午日、戊午時。

這位算命先生雖然自己以算命為業，但是苦思良久，仍不知道為何自己與關雲長的八字雖相同，但關雲長是武將之職，可謂權傾朝野，受人景仰，但自己卻無甚功名，僅以算命糊口。

某日，算命先生到外省遊玩，順道拜訪當地的算命同業，大家研究切磋。當報上時辰八字後，外省的算命先生二話不說，寫下四句斷語：

生在北方，
出將入相；
生在南方，
與我同行。

按照命理，戊午年、戊午月、戊午日、戊午時，戊土生於夏天，火旺無水，喜愛水來滋潤。如果生於北方，因為北方氣候較涼，五行屬水，是以得以平衡；若生在南方，因近赤道熱帶，則熱上加熱，無調劑之力。

至此，這位與關雲長相同八字的算命先生才恍然大悟，明白到出生地點與命理的關係，原來是很密切而決不能分割的。

這個故事可能是虛構出來的，但是出生地點對命理學的影響，可謂至大。

按照這個道理，改名時亦必須要知道當事人的出生地點，作為配合去分析，才會較完美。

《三命通會》一書中，有一篇「論五行時地分野吉凶」，就是針對不同出生地的人，其吉凶亦有不同論法，當中有謂：

甲乙寅卯屬木，生於兑青為得地。
丙丁巳午屬火，生於徐楊為得地。
戊己辰戌丑未屬土，生於豫州為得地。
庚辛申酉屬金，生於荊梁為得地。
壬癸亥子屬水，生於冀雍為得地。

以上數句，説明了方向、地點的五行旺弱分佈。書中更説：「正月木命，……生於兑青人富貴無虞，徐楊人美中不足，荊梁生者凶……」

以上亦說明了同一月份出生，不同生地，好壞也有天淵之別。所以取名時，必要知道出生地點。下列有一表格可以參考。

出生地點	代表地區	取名忌用	取名宜用
東區分野	浙江、江蘇東部、山東、安徽、南京一帶	木字部五行字	火土五行字
南區分野	廣東、廣西、福建、湖南、海南島、台灣一帶	火字部五行字	金水土五行字
西區分野	西藏、四川西部、雲南、貴州、青海一帶	金字部五行字	水木火五行字
北區分野	內蒙、陝西、山西、北京、河北、青海北部、新疆北部一帶	水字部五行字	木火土五行字
中原地區分野	湖北、陝西南部、四川東部、湖南北部、河南南部一帶	土字部五行字	金水木五行字

地支的來源

中國人的干支源流久遠，真正發明者已不可考，但在宋朝鐵塘人氏東齋徐升所編的《淵海子平》，就説明「論天干地支所出」。

「竊以奸詐生，妖怪出，黃帝時有蚩尤神作亂，當是之時，黃帝甚憂民之苦，遂戰蚩尤於涿鹿之野，流血百里，不能治之，黃帝於是齋戒，築壇祀天，方丘禮地，天乃降十干十二支，帝乃將十干圓布象天，十二支方布象地，始以干為天，支為地，合光仰職門放之，然後乃能治也。」

「自後有大撓氏，為後人憂之曰，嗟呼，黃帝乃聖人，尚不能治其惡煞，萬一後世見災被苦，將有奈乎？遂將十干十二支分配成六十甲子云。」

以上看似神話，但又不能全以神話視之。很多古文明都是來歷不明，但奇怪是公元前四千多年的發明，竟然與現代天文學的規律吻合。

其實，十二地支即是黃道十二宮，每年地球繞日行一周，將三百六十度除十二份，便是十二地支的來源，亦是十二星宮星座的來源。一年分為十二個月，每月三十日，等於每宮三十度，即約為一日行一度。

中國人用的二十四節氣，即是立春、雨水、春分、夏至等，很多人以為是農民耕種之用，其實是天文學數據。

中國人重視的十二生肖，亦只是天文學將之形象化的名詞而已。

改名的時候，必須要注意生肖與名字的配合，有否犯六沖？一有六沖，即是主本不和，犯本命的太歲，不論其餘配合與否，都大多不宜。

六沖圖見於下頁。

每一個生肖都有忌用字，即六沖字，分析如下：

● 子鼠：忌用馳、駟、駢、駿、騏、五、午。

● 丑牛：忌用羚、群、羨、義、羯、美、羊、揚、陽。

● 寅虎：忌用申、新、軒、身。

● 卯兔：忌用尊、酉、配、酬、醒、有、友、鳳、鵬、鶯、鵑、鷹、鷺、鶴。

● 辰龍：忌用戌、城。

（六沖圖）

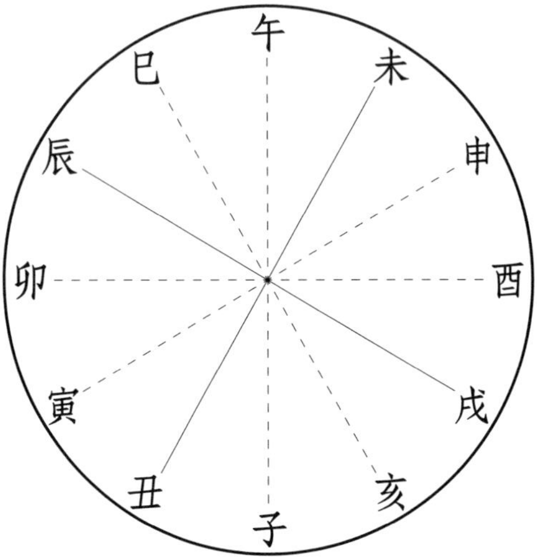

實線代表明沖，虛線代表剋沖

●巳蛇：忌用豪、孩。

●午馬：忌用子、孝、孟、孩、學、孺。

●未羊：忌用牛、牡、牧、特、牟。

●申猴：忌用人、寅、虎。

●酉雞：忌用柳、卿、卯。

●戌狗：忌用農、辰、晨、神。

●亥豬：忌用紀、自、祀。

上列字與生肖犯上六沖組合，六沖對運程有甚麼不良影響？基本上是勞碌奔波，多動少靜，又主離鄉別井。而姓氏大約代表早年三十歲前的運程，因為相沖，故主早年運程反覆不定。

另一方法，可以用八字代入去分析吉凶事，本文不作深入討論。但六沖字也有一個好處，就是移民容易，但勞碌總難避免。

六沖的代表性如下：

- 子午相沖：謀為變遷，舉動乖異。
- 卯酉相沖：分離失脫，更改門戶。
- 寅申相沖：邪惡作祟，夫婦異心。
- 巳亥相沖：順去逆來，重求輕得。
- 丑未相沖：弟兄不睦，謀望無成。
- 辰戌相沖：悲喜不明，部屬離心。

化解命中六沖的文字

了解自己八字的朋友，或者是初生的小朋友，命中當然最理想是四平八穩，五行平均，就代表一生無風無浪，但是如果八字內有相沖，則代表人生是多動多勞，並不安閒，如果沖年月柱，代表別井離鄉，沖日時柱，師表婚姻子女運氣不穩定。

在這種情形之下，只有用中國傳統的文字五行，才下可以化解一二。

六沖組別：

子午相沖，丑未相沖，

寅申相沖，卯酉相沖，

辰戌相沖，巳亥相沖。

化解方法：

命中子午相沖：用美、善、祥、紐、牛、生等字可以解沖。

命中丑未相沖：用學、遜、孫、子、豪、馳、駒。

命中寅申相沖：可用豪、遜、學、子、孫。

命中卯酉相沖：可用美、善、祥、翔、成、盛、紐。

命中辰戌相沖：可以用輕、卿、惠、有、醒、柳、聊、友。

命中巳亥相沖：可以用仁、演、人、寅、印、卿、柳、聊、有、友、醒。

天干地支的配合

姓名文字與五行的關係，除了在《大六壬神課》可見一二之外，亦可以在古占卜書籍《火珠林》一書中看得見。《火珠林》是唐末宋初的著作，作者是麻衣道者，相傳是陳摶的老師。陳摶是相術高手，著名的《神相全篇》就是陳摶的著作，為中國歷史上的術數名人。

此書用文王課金錢占卜術，其中有一篇是占算某人或對方，或想知道何人何姓氏，都可以用卦象占得出。（看似神奇，其實不單文王課，就是六壬神課，亦有算得出某年狀元姓陳的例子。）而所用的方法，不外乎將文字化為天干地支或八卦，從而配合運用，完全有根有據。

所以改名的時候，若能採用一些對本身八字命理有助益的文字，則對運氣的助力不少。

例如命中五行欠缺丙火，已知道丙為太陽、為日、為上尖下大之形，則可以採用與丙火有關的文字，能對命中五行補助充足，等於醫家用藥一樣。

以天干、地支、八卦、五行，分屬字形如下：

（一）天干類

- 甲為木、為田、為日、為方圓、為有腳、為果頭。
- 乙為草頭、為反丈、為弓、為曲。
- 丙為火、為日、為上尖下闊。
- 丁為釣、為火、為未出頭字。
- 戊為土、為戈、為中開之類。
- 己為挑土、為半口、為已頭、為曲。

●庚為金、為庚。

●辛為金、為辛。

●壬為水、為曲、為壬字。

●癸為水、為水旁、為雙頭。

（二）地支類

●子為水旁、為子字、為鼠。

●丑為土、為丑、為橫劃多、為牛。

●寅為木、為山、為宗、為寅字、為虎。

●卯為木、為安頭、為卯字、為兔。

●辰為土、為艮字、為長字、為龍。

- 巳為火旁、為巳字、為屈曲、為蛇。
- 午為火、為日、為干字、為矢字頭、為馬。
- 未為土、為來字、為多劃、為木旁、為羊。
- 申為金、為車旁、為猴。
- 酉為金、為而旁、為目旁、為堅洞旁、為鴻。
- 戌為土、為戌字、為成字、為犬。
- 亥為水、為絞絲邊、為豬。

（三）五行類

- 水為點水、為曲、為一六數。
- 火為火旁、為上尖下闊、為二七數。

- 木為木旁、為草頭、為竹頭、為十字象、為人字象、為三八數。
- 金為金旁、為合字、為橫劃、為四九數。
- 土為土旁、為橫劃、為五十數。

（四）八卦類

- 乾為圓象、為點、為馬、為金、為玉、為言旁、為頭。
- 坎為雨頭、為點水、為水頭、為小、為弓旁、為內實外虛、屈由之象。
- 艮為橫劃、為手、為門、為人、為己、為田、為山、為易旁、下尖上大、上實下虛。
- 震為木象、為二七、為竹、為木、為立劃、上尖下大、上虛下實。
- 巽為木象甘頭、為絞絲、為上長下短、為下點。

● 離為日旁、外實內虛、為中、為戈、為日、為心、為火。

● 坤為橫劃、為土、為方、為土旁。

● 兑為金、為口、為鈎、為八字、為巫、為微細。

（五）五行類數

● 金四九。 ● 酉四，申九。

● 木三八。 ● 寅三，卯八。

● 水一六。 ● 子一，亥六。

● 火二七。 ● 巳二，午七。

● 土五十。 ● 辰戌五，丑未十。

第二章

字的五行、八卦分類

一字兩五行

中國文字的歷史源遠流長，本身發展已經有數千年歷史，當中亦已包含了天地間的五行元素、十天干、十二地支在內，但是中文字分五行，很多時並不容易，一些外象顯而易見的當然容易分辨，例如：

（一）汐、汕、汗、汝、池等三點水字邊則必然屬水。

（二）灸、灼、災、灶、炎等火字邊則必然屬火。

（三）杯、松、枉、枕、杭等木字邊則必然屬木。

（四）釘、釜、針、釗、欽等金字邊則必然屬金。

（五）培、域、執、基、堂等土字邊則必然屬土。

但有時一個字包含了兩重五行在內，改名用字時絕不可大意，例如：

（一）榮、燊、燦等三字，是木與火相生，屬於木火字。(見圖一)

（二）李、宋、季等三字，是水與木相生，屬於水木字。(見圖二)

（圖一）

木生火 → 榮

木生火 → 燊

木生火 → 燦

（圖二）

子水生木 → 李

點水生木 → 宋

子水生木 → 季

（三）灶、旺、垣等三字，是火與土相生，屬於火土字。（見圖三）

（四）淦、釧、酒等三字，是金與水相生，屬於金水字。（見圖四）

（圖三）

火生土	→	灶
太陽火生土	→	旺
木生火生土	→	垣

（圖四）

金生水	→	淦
金生水（川是水）	→	釧
金生水（酉是金）	→	酒

（五）鋈、坤、鈿等三字，是土與金相生，屬於土金字。（見圖五）

（圖五）

土生金 →	鋈
土生金（田屬土）→	鈿
土生金（申是地支金）→	坤

一個中文字有兩重五行，對於有需要的人，是有很大的助益，例如著名商人李澤鉅先生的「澤」字，便是金水相生的好例子，澤字是兌卦，五行屬陰金，而三點水是水性五行，所以澤字便有金水相生的作用，而李澤鉅先生的生月是陽曆七月，正是土旺當令，喜愛金水潤澤，正切合了五行的需要。

這就是中國名字的妙用，當中文字相生固然是好，但有時也有本身相剋的情形出現，例如梓、劉、利等三字的金與木相剋，何解？請看圖六便明白。

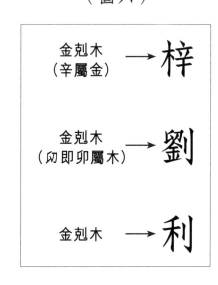

其中「梓」字比較常見，辛在天干是陰金，陰金是剪刀，這個字雖然有相剋之象，但是陰金不能剋陽木，所以只有剋之意，而並無剋之力，除非本身命內以丙火為用神，才忌用「梓」字，因為辛金會合去丙火。

（圖六）

金剋木（辛屬金）→ 梓

金剋木（卯即卯屬木）→ 劉

金剋木 → 利

「劉」字的頂部是卯字，卯是地支第四位，五行屬木，坐下有金是一重金，右邊刂是部是刀字的部首，五行亦是金，故此劉字本身就有金剋木的現象，但是否一定不吉利呢?則又要看看命中五行所屬。例如命主五行以木為財，忌金，則本姓氏金多剋木，則必然有早年散財之象，在這種情形之下，必須要看看其他求應變的地方，才可以補救。

「利」字本身左邊禾字是植物，右邊刂是刀字，用刀割禾，所以得利益，字義很有發財的意思，但並非人人合用，首要改名的人本身不是以「財」星為忌神，才可以用得利字，否則只有反效果。

這種一字之中有兩種五行的文字，在改名時，十分有用處，尤其是在一些喜用單字的朋友，除了姓之外，就只得一個字可以用作名字，但若果命中有兩種五行需要補充，那就只能借助「一字兩五行」的辦法。

另外一種就是姓名之中，需要用宗派族譜字，則亦是只有一個字可以使用，那便必須用到「一字兩五行」的辦法。

論字分寒濕燥熱

生於中國北方的嬰兒，很多時都會用「雪」字為名字的其中一個字，尤其是當孩子出生的時候，剛好下着雪，在父母的心目中，取雪字為名，有着紀念性的意思，而且「雪」字有冰雪聰明，潔白如雪等意義。

但是在五行理數上，「雪」字是並不太適宜用於下雪時出生的嬰兒。原因是在中國地理上，下雪的地方必然近北方，例如北京、上海、東北、哈爾濱、蒙古等地，在中國地圖上近北面，五行是屬水，此其一。

而下雪的時間，一定在冬季，而在子平命理上解釋，水歸冬旺，五行節氣亦是水旺，此其二。

再者，下雪之時，在外象剋應來説，五行亦是屬水，此其三。

我們知道，凡生於水多、水旺、北方的人，都不宜用與水字部首意義有關的文字，而「雪」字在部首上、意義上、筆劃上，都代表水，所以用為取名，則絕不適宜。

由以上例子，可以引伸到，文字也分寒濕、燥熱兩大類，全視乎配合而定吉凶。

（一）寒濕字：海、江、河、雪、冰、潤、流、澤、雲、霞等與水字邊、雨字頭有關的文字。

（二）燥熱字：榮、輝、日、昇、暖、爀、烈、慶等與火字邊、日字邊有關的文字。

按照中國五行的原理，引伸到中醫的理論，都是寒濕燥暖為依歸，在健康上影響尤其大，很多時一些病因的起源，都是由內臟五行的不平衡而引起，而五行應內臟是金代表肺、木代表肝、水代表腎、火代表心、土代表脾，則心肝脾肺腎齊。西醫藥物無分寒濕，但基本上西藥都是比較帶燥熱性，所以西醫經常要提醒病人多喝水，就是取其平衡西藥帶燥的原理。

而用寒濕字與燥熱字的原則性，是命中火土較重的人宜用寒濕字，命中金水較多的人宜用燥熱字，一般簡單的分別法，是用四季去分別。

（一）生於二月四日至五月五日春天，寒濕燥暖中和，兩者可兼用。
（二）生於五月六日至八月八日夏天，氣候炎熱，宜用寒濕字調候。
（三）生於八月九日至十一月七日秋天，氣候中和，兩者可兼用。
（四）生於十一月八日至二月三日冬天，氣候嚴寒，宜用燥熱字去調候。

以上日期以陽曆立春、立夏、立秋、立冬為四季的分界線，當然是以出生年、月、日、時去推算為最準確。

以下是古醫書《黃帝內經》有關寒濕的文章：

黃帝內經

絡脉也氣穴論曰肉之大會為谷肉之小會為谿肉分之間谿谷之會以行榮衛以會大氣屬骨者為骨相連屬處表裏者諸陽經脉皆為表諸陰經脉皆為裏 新校正云詳帝曰至信其然乎全元起本及太素在上古

聖人之教也上 岐伯對曰東方生風 陽氣上騰散為風也風者天之號令風為教始故生自東方 風生木 風鼓木榮則風生木也 木生酸 凡物之味酸者皆木氣之所生也尚書洪

範曰曲直作酸 酸生肝 生謂生長也凡味之酸者先生長于肝 肝生筋 肝之精氣生養筋也 筋生心 陰陽書曰木生火然肝之木氣內養筋已乃生心也 肝主目 目見曰明類齊同也 其

在天為玄 玄謂玄冥言天色高遠尚未盛明也 在人為道 道謂道化以道而化人則歸從 在地為化 化謂造化也庶類時育皆造化者也 化生五味 萬物生五味具皆變化為母而

使生成也 道生智 智從正化而有故曰道生智 玄生神 玄冥之內神處其中故曰玄生神 神在天為風 飛揚鼓坼風之用也然發而周遠無所不通信乎神化而能耳 在地為木

柔軟曲直木之性也 新校正曰詳其在天至為木與天元紀大論同注頗異 在體為筋 束絡連綴而為力也 在藏為肝 其神魂也道經義曰魂居肝魂靜則至道不亂 在色為蒼 蒼謂薄青

色象木色也 在音為角 角謂木音調而直也樂記曰角亂則憂其民怨 在聲為呼 呼為叫呼亦謂之嘯 在變動為握 握所以牽就也 新校正云按楊上善云握憂噦欬慄五者改志而

有名曰變動也 在竅為目 目所以司見形色 在味為酸 酸可用收斂也 在志為怒 怒所以禁非也 怒傷肝 雖志為怒甚則自傷 悲勝怒 悲則肺金并于肝木故勝怒也宣明

五氣篇曰精氣并于肺則悲 新校正云詳五志云怒喜思憂恐悲當云憂今變憂為悲者蓋以恚憂而不解則傷意悲哀而動中則傷魂故不云憂也 風傷筋 風勝則筋絡拘急 新校正云按五運行大論曰風

傷肝 燥勝風 燥為金氣故勝木風 酸傷筋 過節也 辛勝酸 辛金味故勝木酸 南方生熱 陽氣炎爍故生熱 熱生火 鑽燧改火惟熱是生 火生苦 凡物之味苦者皆火

氣之所生也尚書洪範曰炎上作苦 苦生心 凡味之苦者皆先生長于心 心生血 心之精氣生養血也 血生脾 陰陽書曰火生土然心火之氣內養血已乃生脾土 新校正云按太素血作脉

心主舌 心別是非舌以言事故主舌 其在天為熱 暄暑熾燠熱之用也 在地為火 炎上翕赩火之性也 在體為脉 通行榮衛而養血也 在藏為心 其神心也道經義曰

神處心神守則血氣流通 在色為赤 象火色 在音為徵 徵為火音和而美也樂記曰徵亂則哀其事勤 在聲為笑 笑喜聲也 在變動為憂 憂可以成務 新校正云按楊上善

云心之憂在心變動肺之憂在肺之志是則肺主于秋憂為正也心主于夏變而生憂也 在竅為舌 舌所以司辨五味也金匱真言論曰南方赤色入通于心開竅于耳尋其為竅則舌義便乖以其主味故云舌

也 在味為苦 苦可用燥泄也 在志為喜 喜所以和樂也 喜傷心 雖志為喜甚則自傷 恐勝喜 恐則腎水并于心火故勝喜也宣明五氣篇曰精氣并于腎則恐 熱傷氣 熱勝

則喘息促急 寒勝熱 寒為水氣故勝火熱 苦傷氣 以火生也 新校正云詳此篇論所傷之旨其例有三東方云風傷筋酸傷筋中央云溼傷肉甘傷肉是自傷者也南方云熱傷氣苦傷氣北方云寒傷

血鹹傷血是傷己所勝西方云熱傷皮毛是被勝傷己辛傷皮毛是自傷者也凡此五方所傷有此三例不同太素則俱云自傷 鹹勝苦 鹹水味故勝火苦 中央生溼 陽氣盛薄陰氣固升升薄相合

故生溼也易義曰陽上薄陰陰能固之然後蒸而為雨明溼生于固陰之氣也 新校正云按楊上善云六月四陽二陰合蒸以生溼氣也 溼生土 土溼則固明溼生也 新校正云按楊上善云四陽二陰合而

天有寒濕，地有燥暖，疾病患者分為三分，有一分是本身自致，有一分是宅兆（即風水）所應，有一分是天氣所感者。

自致（自己生活不協調引起疾病）可以預防，宅兆則可以由風水去解決，至於由天氣所感染，則不可以預知，試問如何預防？

人的先天，與萬事萬物一樣，有熱有冷，有乾有濕，雖然說是由地氣所感染，但實則是由天上的星宿五行所感染，天上有七政金、木、水、火、土、太陽、月亮。四餘月孛、紫氣、羅睺、計都。三王天王星、海王星、冥王星。人生之時，受天上星體感應而生，然後演化出年、月、日、時四柱八字，所以人的本身是一小天地，若果受太陽而照命度命宮，其性熱而乾，若果受月亮而照命宮命度，則性冷而濕。

先天性熱，遇外來天氣燥熱相加，則易發病患。先天性冷，受外來天氣陰冷相加，則易發病患。故疾病的預防，要靠自己本身的五行平衡。

生於春天，由陽曆二月四日立春至五月五日內，古書曰：「東方有神太昊，乘震，執規司春，生仁風和氣，萬物生發，所以木居之，故甲乙寅卯同也。」所以春天生人，大致上不寒不熱，秉性中和。

生於夏天，由陽曆五月六日至八月八日內，古書曰：「南方有神農帝，乘離，執衡司夏，生炎陽酷氣，萬物至此感齊，所以火居之，故丙丁巳午同也。」所以夏季生人，大致上暴熱者多。

生於秋天，由陽曆八月九日至十一月七日內，古書曰：「西方有神少昊，乘兑，熱矩司秋，生肅殺靜氣，萬物到此收斂，所以金居之，故庚辛申酉同也。」所以秋季生人，大致上性涼而稍寒。

生於冬天，由陽曆十一月八日至二月三日內，古書曰：「北方有神顓帝，乘均執權司冬，生凝結嚴氣，萬物到此藏伏，所以水居之，故壬癸亥子同也。」所以冬天生人，大致上性寒而濕。

生於四季月，即是春夏秋冬交接時中間十八日，古書曰：「中央有神農黃帝乘坤，繫繩司中土，況木火金水，皆不可無土，故將戊己居中央，辰戌丑未散四維，各得所主。」故生於四季月者，寒濕燥熱未可定論，要視乎年、日、時的配合。

知道自己的出生年、月、日、時，分辨出先天五行，就可以用名字去配合，達到中和的效果。

生於春夏，命中火燥土乾者，必須用較寒濕的字去配合，下列文字可以考慮：

冰、雪、雯、凝、雲、霞、海、滿、池、泳、澤、深、潔、霑、濠、滙、淇、冰、松、霖、霏、健、霜、霆、泉、流、渝等與水字、雨字有關的文字，並且一些與水字筆劃數有關的文字。

生於秋冬，命中水冷金寒者，必須要用較溫熱的字去配合，下列文字可以考慮：

日、昂、旻、昆、昇、陽、皆、昉、明、昕、映、春、夏、昱、晃、普、晰、晴、智、暖、榮、爍、煥、焯、熠、煌、煜、燦、灼、煊、炳等與日字火字部首，並且一些與火字筆劃數有關的文字。

名字與疾病

古代聖人學習命理的同時也學習醫理，即五行醫卜同源，五行代表人的運氣，同時也代表人體內五臟的結構、內外的器官，又以十二地支、十天干代表天地間的五行金、木、水、火、土，故同時將人身看成一個小太極、小世界，命中五行中和則風調雨順，健康無災，五行不和則疾病多生。

名字本身有自己的五行，看看名字本身五行的代表，再參照出生的月令，便可以知道自己的身體上有某些地方要留心，某些地方容易出毛病。

古代留下來的歌訣如下：

一、甲膽乙肝丙小腸，丁心戊胃己脾鄉，
庚是大腸辛是肺，壬是膀胱癸腎臟。

二、甲頭乙項丙肩求，丁心戊脅己屬腹，

庚是臍輪辛是股，壬脛癸足一身遊。

以上兩詩說明十天干與疾病的關係，幾乎內外器官無所不包，另外又有十二地支與身體的關係：

子是膀胱水道耳，

丑為胞臕及脾鄉，

寅膽髮脈並兩手，

卯本十指內肝方，

辰土為皮肩胸類，

巳面牙齒下尻肛，

午火精神司眼目，

未土胃腕膈脊梁，
申金大腸經絡肺，
酉中精血小腸藏，
戌土命門腿踝足，
亥水為頭及腎囊。

名字內很多時有十天干、十二地支在內，例如「李」中有「子」，「柳」中有「卯」，「晨」中有「辰」，「婉」中有「巳」均屬有地支在內的字，我們要特別注意五行的關係，有否相沖，這類情形，大都十分明顯。

例如一個人的名字叫「許子駿」，不看筆劃，不看生年月日時，已經可以判斷這是一個健康和運氣都不理想的名字配合，不用算甚麼天地人三才、內格、外格、總格，究竟怎樣解釋？看下圖便得知。

許子駿

許－子：沖
子－駿：沖
許－駿：刑

原來「許」姓中有午火，與「子」字六沖，「駿」字中有馬字邊，又是午火，與「子」字又相沖，而馬與許中的午火又自刑，代表問題多多。

（一）子午相沖，是水剋火，午火受剋，應驗上文「午火精神司眼目」，必有眼病近視、心臟精神毛病。

（二）午午自刑更將上述凶象重疊。

（三）許字代表早運，被子沖，故少年運差。

（四）子字代表中運，被午及駿中的馬沖，故中年運差。

（五）駿字代表晚運，被子沖及許中「午」字刑剋，故晚年運差。

（六）姓代表父母，主父母緣薄；中間的子字代表妻子丈夫，故夫妻感情多變；駿字代表子女運，故子女緣薄甚或無子女。

以上的名字如果再加於夏令及冬令出生的人，則水火沖剋之力更大，又或者用於肖鼠、肖馬人的身上，則與生年太歲對沖，沖起忌神，更有血光、刑傷、夭折的可能。

所以判斷姓名學是活靈活現的，綜合了形聲、會意、沖刑等因素去得出結論，而並非將文字的筆劃加減，一成不變，這是絕對不可能取得應驗的。

干支五行不平和所引發的病症如下：

甲乙寅卯木不平和，為肝膽不足。病症為各種風痛、暈昏、視覺衰弱、血氣不調順、頭髮易脱落、手浮青筋、手指掌乾枯。

丙丁巳午不平和，為心臟血液循環不良。病症為各種痘疔、膿血、瘡疥、舌有苦味、聲音暗啞。

戊己辰戌丑未土不平和，為脾臟不良。病症為身體浮腫、腳氣病、臉黃腫、口臭、翻胃噁心、脾寒、胸膈熱。

庚辛申酉不平和，為呼吸器官不良。病症為鼻塞、鼻音重、氣喘病、咳嗽等。

壬癸亥子水不平和，為腎氣虛。病症為尿液血濁、白帶病、腎結石、瀉痢、疝氣、陽萎、早洩。

干支五行相剋所引發的病症如下：

金剋木

甲乙木見庚辛申酉多，則內主肝、膽、驚悸、心神不寧、手足易麻痺、筋骨疼痛；外主頭暈目眩、口眼歪斜、肢體癱瘓、跌撞骨折。遇丙丁巳午火多，若無水生扶則痰喘、咯血、中風不語、皮膚乾燥、內熱口乾。女人主血氣不順，有身孕者易流產；小兒主急慢驚風、夜啼不停、咳嗽、面色青暗。

水剋火

丙丁火見壬癸亥子多，則內主心氣疼痛、羊癲癇、舌頭僵硬、牙齦腫痛、扁桃腺發炎、聲音沙啞、急慢驚風、語言蹇澀；外主發高燒、發狂、視覺昏暗、失明、疝氣、疔瘡膿血、小便淋濁。婦女主貧血、月經不順；小兒主痘疹、疥癬、臉色紅赤。

木剋土

戊己土見甲乙寅卯，則內主脾胃不和、翻胃、膈食、氣噎、腹脹、腹洩、臉色黃腫、偏食、嘔吐、噁心；外主手腳沉重、風濕、胸部氣塞。婦女主飲食無味、溢胃酸、喜食酸味、虛弱呵欠困倦；小兒主五疳五軟、內熱流口水、面色痿黃。

火剋金

庚辛金見丙丁巳火多，則內主腸風、痔痛、便後下血、痰水、咳嗽氣喘、吐血、幻象見鬼、失魂衰癆；外主皮膚枯燥、傷風、鼻頭紅腫、背部生疽、膿腫全身。婦女主痰嗽、血產；小兒主膿血、痢疾、面色黃白。

土剋水

壬癸見戊己辰戌丑未多，則內主遺精、盜汗、夜夢鬼交、尿液白濁、虛損寒戰、咬牙、耳聾、眼盲、傷寒感冒；外主風邪、牙痛、陽痿、腎氣腰痛、膝痛、上吐下瀉、怕冷惡寒。

婦女主白帶、子宮弱、月經不順；小兒主耳中生瘡、小腸疼痛、夜間哭吵、面色黑。

族譜字派

中國人改名，很多時會用「字派」的方式，所謂字派，是指由歷代祖先以來，即所謂族譜字，意思是這一代的所有子女，名字都用一個固定的字，而下一代的子女，又用另一個固定的字，在改名的時候，就一定要用族譜上的字為依歸。

用族譜字派，有一個好處，就是一看名字，就知道是第幾代的子孫，使長幼有序，尤其是古代大家大族，人多勢眾，為要知道親族的排列，所以有字派之分。就如本族鄺氏由十五世至三十四世內，有字派詩一首，是在明朝時候，請當時著名的學者陳白沙先生所題：

惟仁隆自天，崇慶集由德，
敬修光廼祖，永遠世科澤。

即是由十五世子孫，用惟字於名字內，例如鄺X惟或者鄺惟X，至第十六世則用仁字在名字內，例如鄺X仁，或者鄺仁X等，其餘則照此類推。

字派的作用如上，但是近代人則很少跟隨字派，一則認為古代字不合當時潮流，二則近代子孫四散，沒有長輩耳提面命，所以字派的作用，大多形同虛設了。

改名時要考慮有否要跟隨字派，若果老人家在堂，希望沿用傳統字派的，則應該考慮，看看是排到何字，這個字是甚麼五行？是否切合到命理上的需要？如果合用，則用字派又何妨？

用字派字應注意下列幾點：

（一）改名者本身的時辰八字內，是否祖基得力，如果得力，則應用族譜字派，因為字派由祖基而求，必然對命中有助力。

（二）改名者本身的時辰八字內，祖基是忌神，則不應該用族譜字派，因為字派由祖基而來，必然對用者有損無益。

（三）看字派屬何五行？如果是命中喜用字，則不妨考慮用，例如一人命中欠火，剛好排到「光」字，正因為光字本身屬火，可以補救偏弊，是以有益無損，更有無窮助力。

（四）看字派屬何五行？如果是命中忌用字，則不宜使用，例如一人命內忌火，而又剛好排到「光」字，正因為光字本身屬火，使命中火氣加重，所以不用為佳。

但有時字派不合，但又不能不用，則可以用五行洩氣及轉化的辦法去補救。

例如改名者本命喜用金水字部，忌用土字部，但是族譜字派又排到「田」字，田字五行屬土，是命主本身忌神，於是可以用屬金的字去洩田之氣，使土生金，金生水，則可以補救偏弊。

五行相生洩氣的關係見於下圖。

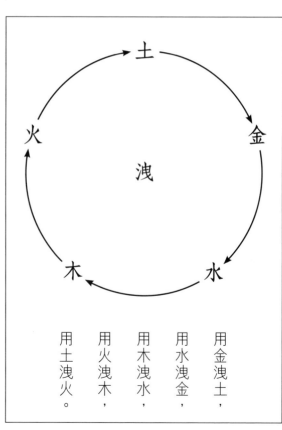

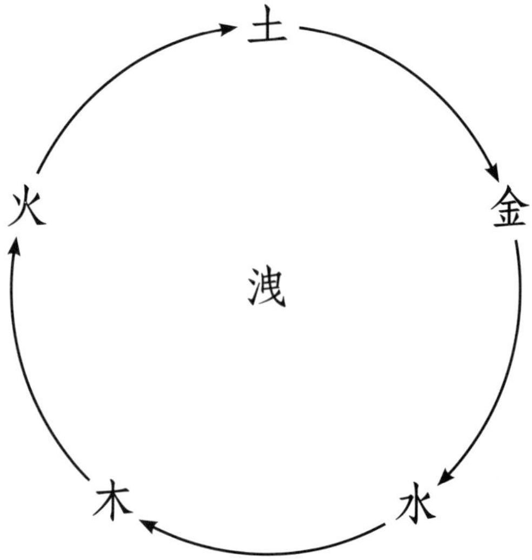

用金洩土，用水洩金，用木洩水，用火洩木，用土洩火。

又或者用五行相制之法去補救，例如改名者本身命內忌土，喜用水木，則又可以用相制法。

例如忌用土字，但是族譜字派又排到「田」字，田字五行屬土，是命主本身忌神，於是可以用屬木的字去制土，使田不能剋水，則可以補救偏弊。

五行相制關係見下圖。

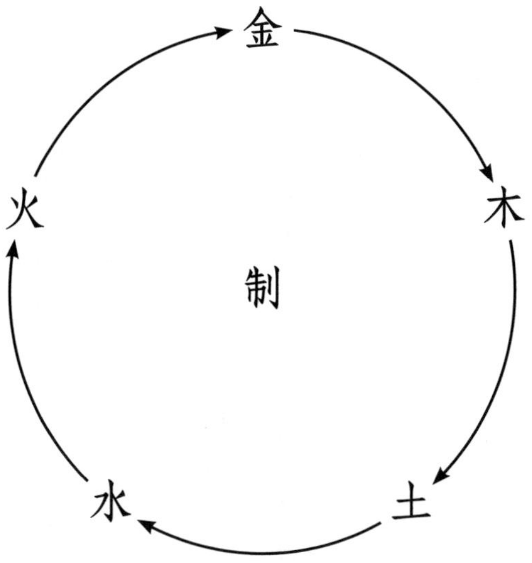

用木制土，
用土制水，
用水制火，
用火制金，
用金制木。

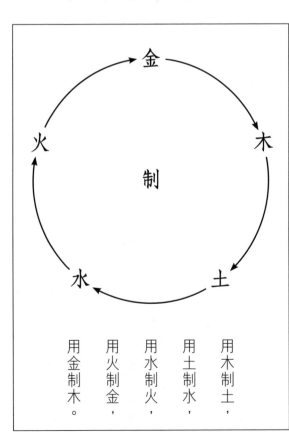

而族譜字派，只能用於三個字的姓名，而兩個字的姓名則不能採用，這亦是宗派字的另一個缺點。

按照經驗，如果宗派字合乎改名本人的命格用神者，大都得到父母親或者長輩的支持，或者繼承父母的金錢物業，發揚光大。

相反，如果宗派字是改名者本人的忌神，則大都父母無助力，即使父母有金錢物資，亦不能取用。若果本身好運兼有上進心，亦可以白手興家，相反，本身運氣弱又自暴自棄，則前途必然一片暗淡。

乾卦入字

改名要留意是否與命格有不協調，廣東人改名，很着重能否承受得起的理論。一些很有威嚴的字，例如：威字、權字、霸字、拳字、武字、發字、天字、震字……而兩字相連而又更威猛的文字組命，例如霸天、耀武、耀揚、鎮宇、鎮天、天霸、永發、天耀……等，都是比較剛強揚威的文字。

一般父母都希望兒子將來能夠出人頭地，在社會上有名譽、有地位，能夠為人所認識，但假若小朋友的命格不屬這一類型，但卻用了威武的文字姓名，則會有反效果。一般命中有煞者可用，而且還可以挑選一些比較威武的文字。

所謂煞，是指八字之內，有七煞一星，或者有正官一星。而可以為命中所用的，便是一生有權威、有出色表現的人，所以不妨配合一些比較威武的文字。

命中若以文星為用，例如以正印星、食神星、正官星為用，而命格不是太強的人士，適合用一些比較平和的文字，以配合命格的需要。

女性名字一般不宜太過陽剛氣重，否則主孤單刑剋，除非本身命中陰柔太過，須要用純陽的字劃五行去配合，則又另作別論。

其中陽剛氣最重的表表者是「天」字。天字在八卦中是乾，五行是陽金，有至堅至剛之性，所以《易經》中有乾為天，乃至高無上。在家中而言，乾卦代表一家之主；在一國而言，乾卦代表一國之君；在宗教而言，乾卦代表一教之主，無物可以摧之。

當運的時間，發巨富、大商家，出大官、武將，揚威天下，女性得男性之權柄，出類拔萃，獨立自主；男性則揚名天下，萬人景仰。但失運時，或者與命中五行不能配合，則會產生一些反效果。例如性格固執、不和睦、欠人和、是非官司。因乾金是純陽，寧死不屈，所以婚姻必然阻滯，早結早離，或者獨身。在健康上而言，亦有不良影響，例如外傷、手術、頭痛、車禍等等。

所以文字八卦，有利有弊，全在乎用字者本身的五行屬性。

「乾」有關的文字：乾、天、父、金、鋼、鐵、鑫、君等都是其類。

乾卦字取用宜忌：（日期以陽曆立春、立夏、立秋、立冬為四季分野。）

- **生於二月四日至五月五日春季內，可用。**
- **生於五月六日至八月八日夏季內，可用。**
- **生於八月九日至十一月七日秋季內，大忌。**
- **生於十一月八日至二月三日冬季內，不宜。**

一乾

五行	金。
地理	西北方、大城市、首都。
人物	總統、官員、父親、名人、公務員。
人事	剛健武勇、果決、動而少靜。
身體	頭部、骨骼、肺部。
時間	秋天、地支屬戌亥的年月日時。
動物	馬、天鵝、獅子、象。
靜物	金玉、珠寶、圓形物件、剛硬物件、帽、鏡。
建築	西北向之建築、公家機關、大廈。
食物	馬肉、珍味、名貴食物、肺臟、頭部、圓形食物、辛辣食物。
色彩	白色、金色。
字姓	金旁字姓，一、四、九劃的字。
數目	一、四、九。

兌卦入字

「兌」是八卦中的一卦，五行是陰金，代表少女、美女，又代表以口為生的人，例如歌星、翻譯、經紀、演員、教師、教授、傳銷、律師等，均是兌卦所管理。

兌卦有關的文字：說、兑、鋭、澤、悦、口、言、語、譜、舌等與口字邊、言字邊有關的字都歸其類。

這一類字，若果當運的時間，又與本身的八字相配合，則好處更多，大利一些從事以上所提到各種職業的人士。

用這種名字的小朋友，大都口齒伶俐，多言多語，得人歡心，而且學習能力十分強，對事物吸收得快，動作靈敏，而且得長輩的鍾愛。

在青少年而言，用得適合的兑卦文字，代表有表達能力、管理能力、組織力強，適合經商、交涉等與人交往的工作。

在事業上而言，兑卦是酒色、電子、電話、電訊，所以利於從事飲食、酒樓、酒店、夜總會、電話、手提電話等之類的事業。

相反，若果命理中與兑卦的文字不配合，則會有很多效果，例如在小朋友而言，會言語太多、心散、好事生非、頂嘴、多動少靜、口齒不清、語音不正、口吃、讀書成績不理想等事情。

在青少年而言，容易沉迷酒色，太早談戀愛，縱情聲色，沉迷電子遊戲、電腦等事情。

在成年人而言，容易惹上桃花及不正常戀情、包二奶等事情。

在健康上亦有不良影響，會有呼吸系統毛病、喉、肺、口腔、鼻、牙齒等毛病，總之問題多多。

所以要留意本身及子女的生日，是否適合用上列與「兑」卦有關的文字。

兑卦字取用宜忌：（日期以陽曆立春、立夏、立秋、立冬為四季分野。）

- **生於二月四日至五月五日春季內，可用。**
- **生於五月六日至八月八日夏季內，可用。**
- **生於八月九日至十一月七日秋季內，大忌。**
- **生於十一月八日至二月三日冬季內，不宜。**

二兌

五行	金。
地理	西沼澤之地、水邊或水上、廢井。
人物	少女、妹、歌星、姨太太、歌手、妓女、酒家女、翻譯。
人事	喜悅、吵架、是非、官司、毀謗。
身體	舌頭、嘴巴、痰、涎、氣管。
時間	秋天、地支為酉的年月日時、天干為庚辛的月日時。
動物	羊、沼澤中的動物。
靜物	金屬刀劍、樂器、廢物、有缺壞的器物。
建築	向西的建築、近沼澤的建築。
食物	羊肉、沼澤中的食物。
色彩	白色、金色。
字姓	帶口字、帶金字旁的字姓。二、四、九劃的字。
數目	二、四、九。

離卦入字

「離」卦，是八卦之中代表光明的一卦，有文明的氣象，代表光明外射，光彩照人，又代表女性，而且是美麗的女性，另外也代表文書，所以亦有文藝氣息的意思。

離卦有關的文字：明、麗、光、快、映、晴、景、文、曜、耀、曦、曉、暖、旱、立、晨、婉、苑等一切與日字邊、火字部首有關連的文字，均入其類。

當一個人的生辰八字或者命理可以配合到上述文字時，會有很多好處。

由於離卦為文書，若上述文字可用於某人的時候，此人必定有文采，利於讀書、考試，個性開朗、外向，從別人眼人，覺得此人有光采、有魅力，甚至具有歌星、演員的吸引力，所以適宜從事對外工作，例如傳銷、廣告、文化、教育、出版、公關、眼鏡、女性用品、化妝品、包裝、裝修、三行及一些與「火」有關的行業，例如廚師、燒焊、電子、電油、石油、化工等均是十分合適。

切記這個卦象與包裝、女性、美容有密切關係，所以對從事女性行業的，比較有利。

由於卦象是火、太陽，所以最利一些生於冬天及八字內喜火的人士。

相反，若果八字忌火，用上述文字會有種種不良後果。

錯誤地使用，在小朋友而言，是眼睛毛病，因為離卦是眼目，所以必然有近視、散光等毛病；而在女性而言，面上容易有雀斑、紅點或紅斑，而且不容易脫去。在健康而言，有火旺的毛病，例如：心臟、血管、失眠、躁狂、血瘡、熱毒、發炎等。

在成人而言，不利於對外工作，有樹大招風的情形出現，在工作上容易引起女性的是非及麻煩，若果八字本身不平衡，更會有婚姻問題出現。

離卦也代表文書，用得不恰當，亦即是有不利於考試的情形出現，總之問題多多。

離卦字取用宜忌：（日期以陽曆立春、立夏、立秋、立冬為四季分野。）

- **生於二月四日至五月五日春季內，可用。**
- **生於五月六日至八月八日夏季內，大忌。**
- **生於八月九日至十一月七日秋季內，可用。**
- **生於十一月八日至二月三日冬季內，最利。**

三 離

五行	火。
地理	南方之地、乾燥之地、地窖或灶房、鐵工場。
人物	第二及倒數第二的女兒、讀書人、眼病之人。
人事	虛心的人、聰明才學之人、寫畫、寫文章之人。
身體	眼睛、心臟。
時間	夏天、地支為午火的年月日、天干為丙丁的年月日。
動物	雉、龜、螺、蚌。
靜物	文章、盔甲、枯槁的東西、乾燥之物、紅色之物、中空之物。
建築	向南的建築、光亮的建築、空的房屋。
食物	雉肉、煎炒的食物、燒烤的食物、乾的食物。
色彩	紅、紫、赤。
字姓	帶火字邊或日字部的字姓。二、三、七劃的字。
數目	二、三、七。

震卦入字

「震」卦是八卦其中一卦，五行是陽木，代表長男、多動少靜之人，又代表勞碌之人、外出之人，例如從事東奔西走行業如運輸行業。

震卦有關的文字：震、振、雷、辰、鎮、晨、真，木字邊如林、森、栢、松、柃、樹、楷等，均與震卦有關。

這類文字，必須與使用者的命理五行配合，也要與職業配合。震卦在《易經》上而言，代表多動少安，但不一定是壞事，尤其是對於一些需要在外面工作的人士，則非動不可。

在小朋友而言，一些外表文靜內向的小朋友，大可以考慮用與本卦有關的文字為名。對於性格開朗，本身已經好動活潑的小朋友而言，震卦有關的文字則可避應避，以免產生多動症的不良後果。

這個卦象陽剛氣重，行好運的時間，會平地一聲雷，不論在事業上或財富上，都會有突破性的進展，名氣高昇；但若果與命理不配合，或者行壞運時，就容易惹上是非，嚴重者會惹上官司。

女性大都不宜多用這類字，因女性本性陰柔，與震卦的卦氣並不配合，而且取用不當者，會影響婚姻，因為震卦本身就是與官非及是非有關聯，容易鬧離婚。除非是命中需要取用震卦字的又當作別論。

此外，又再看看用這一類字的人，本身命中有否揚名氣的機會，例如八字命理結構是食神制煞、傷官駕煞等可以成名的結構，則大利用這一類字，以相呼應本命揚名結構。若果本命不是求名之格，而只是財格，則又不宜用此類文字。

在健康上而言，取用不當，主有筋骨、肝病、神經系統毛病、外傷等。若果取用適合，或者與命理相配者，又不在此論。

震卦字取用宜忌：（日期以陽曆立春、立夏、立秋、立冬為四季分野。）

- **生於二月四日至五月五日春季內，不宜。**
- **生於五月六日至八月八日夏季內，不宜。**
- **生於八月九日至十一月七日秋季內，可用。**
- **生於十一月八日至二月三日冬季內，可用。**

四 震

五行	木。
地理	東方之地、樹木之地、熱鬧之地、大馬路。
人物	長男、運動家、發怒的人。
人事	運動、發怒、虛驚、喧嘩、動而少靜。
身體	腳、肝、毛髮、聲音。
時間	春天、地支卯的年月日、天干甲乙年月日。
動物	龍、蛇、長形動物。
靜物	木竹之類、木器。
建築	向東的建築、山林所在、樓閣。
食物	蹄膀、山林野味、酸果、蔬菜。
色彩	青綠、深藍。
字姓	帶木旁的字姓，三、四、八劃的文字。
數目	三、四、八。

巽卦入字

「巽」卦是八卦其中一卦，五行是陰木，代表長女，是文化界、讀書人的代表卦象，又代表桃花酒色，有利有弊，全視乎與本命的配合才知吉凶。

巽卦有關的文字：大多數與草花頭有關，例如：華、茵、蘊、萱、薇、英、萃、芝、芯、芙、蘭、萊等女性化的文字，均與巽卦有關聯。

巽是文星，代表讀書人，所以利於小朋友讀書和考試，又是代表藝術，尤其是畫畫與跳舞。由於本卦是陰卦，所以比較利於女性，尤其是長女。但若果只想生產一次而不希望再添丁者，則不宜用巽卦類字，因為有長必有幼，必然有弟妹隨之。

在青少年時期，巽卦便代表桃花運，若果取用不適當，則主青少年早戀愛，亦早失戀，甚至乎沉迷於酒色。

這類文字亦表示有外出的機會，而且外出有利，例如外出讀書、外出進修、公幹等，甚至有移民的希望。

事業方面，代表文化界，例如報界、雜誌、電視、時裝、藝術、酒店、夜總會、教育、幼稚院、空姐、記者、文書、設計……等。若果取用適當，對事業有很大助力，若用於公司名，亦可以對事業有很大助益。

這些字對配婚亦有不同程度的影響，配合五行則無大問題，但若果與命理不相配的時候，便會有桃色事件發生，尤其是三角戀愛、包二奶等，以及與遠方的情人有關聯的事情，因這個卦象代表桃花事件、桃色糾紛，並且有糾纏不清的現象。

健康上，要注意呼吸系統、氣疾、股部、下肢、膽病、酒色過勞等疾病。取用適合則不在此論。

替新生子女取名時，要注意巽卦與出生日期是否相配合，才可以考慮用與巽卦有關的文字。

巽卦字取用宜忌：（日期以陽曆立春、立夏、立秋、立冬為四季分野。）

- **生於二月四日至五月五日春季內，不宜。**
- **生於五月六日至八月八日夏季內，不宜。**
- **生於八月九日至十一月七日秋季內，可用。**
- **生於十一月八日至二月三日冬季內，可用。**

五 巽

五行	木。
地理	東南方之地、草木茂盛之地、花菜果園。
人物	長女、女性、文質彬彬的讀書人、寡婦、山林仙道人物。
人事	柔和、不定、進退不定。
身體	呼吸、股部。
時間	春夏之間、地支有辰巳的年月日時。
動物	雞、鳥、山林中動物。
靜物	木頭、繩子、長形之物、竹、工巧的珍玩器物。
建築	向東南的建築、寺院、道觀廟宇、山林中的建築。
食物	雞肉、山林野味、蔬果、酸食。
色彩	青綠、水藍色。
字姓	草字頭、木旁的姓字，三、五、八劃數的文字。
數目	三、五、八。

坎卦入字

「坎」卦是八卦其中一卦，五行是陽水，代表中男、聰明智慧之士，代表流浪、外出之人，也是代表文昌星，對讀書有助力，這個卦在古時代表秀才。

坎卦有關的文字：大多數與水字邊有關聯，例如：滿、泳、澤、萍、淑、潔、湄、冰、滔，雨字頭的雪、霞、雲、雯等。

坎卦是流浪之星，小朋友用這類字，會多動少靜，容易出門，而且好動或者好運動，當然水上運動是少不免，對讀書運亦有不少助益。當然必須要與出生的時辰八字相配合才可以下定論。

青少年用坎卦字，利於出門讀書，但是坎卦又有桃花的意義，必然易惹桃花，易早論婚嫁，但若果與本命相配合則有吉無凶。

另坎卦有外虛內實之兆，在《易卦》上主受孕，如果與命理配合，則容易添丁，若果與生辰八字不配合，則會做就未婚媽媽，帶來煩惱。

事業方面，代表旅遊業、出版業、運輸業、飲食業、酒店業、漂染業、航空業、記者、文化界之類，若果與筆劃姓氏配合，亦有利於發展上述事業。

名字與坎卦有關的人士，一生之中，有很多出門或旅行的機會，甚至移民。在古時名為離鄉別井，並不是好的現象。但在現代社會，一些希望移民的人士，更是求之不得。如能配合命理及需求，也可以考慮採用與坎卦有關的文字，作為人名或公司名。

一些與航運及旅遊業有關的公司，公司名字大多數與三點水或河海等字有關聯，讀者不妨留意。

若果命中忌用水，則不宜用坎卦字，更要小心寒濕病、腎病及排洩系統等毛病。

坎卦字取用宜忌：（日期以陽曆立春、立夏、立秋、立冬為四季分野。）

- **生於二月四日至五月五日春季內，勿用。**
- **生於五月六日至八月八日夏季內，可用。**
- **生於八月九日至十一月七日秋季內，可用。**
- **生於十一月八日至二月三日冬季內，大忌。**

六坎

五行	水。
地理	北方之地、井之地、凹濕溪流之地。
人物	中男、江湖中人、漁夫、船夫水手、盜賊。
人事	陰險、卑鄙、外似柔和內剛硬、漂泊、流浪。
身體	耳朵、血液、腎臟、膀胱、子宮、卵巢、生殖器官。
時間	冬天、地支為子、天干為壬癸的年月日時。
動物	豬、魚、水中的動物。
靜物	水、有核的東西、揉拗為柔軟東西、酒瓶、杯。
建築	向北的建築、近水建築、酒店、茶樓。
食物	豬肉、魚肉、酒、冷味、海味、帶血之物、水中之物、有骨。
色彩	黑、灰。
字姓	有點水旁的字姓，一、六劃的字。
數目	一、六。

艮卦入字

「艮」卦是八卦其中一卦，五行是陽土，代表少男、沉實、穩重、四平八穩，又代表停止、制止、保守、有吉有凶。行運時是大地產商，擁有多物業的人，發展漸進；行壞運時是停蓄不前，不思進取，全視乎配合而定。

艮卦有關的文字：均與土字有關，如城、佳、堂、峰、均、埔、堅，或者與「艮」字形相似的字例如良、銀、跟等，均是艮卦字。

用艮卦字，在小朋友而言，有冷靜、思考、健康的影響力，當然要視乎與小朋友的八字相配合與否。

艮卦代表少男，所以艮卦字本身，有代表排行最年幼的兒子，所以，當你家中已經有足夠的男丁，在新生的兒子之後，希望為他再添一位妹妹，則不妨考慮一下用艮卦有關的文字，替你新生的男嬰取名。

這個艮卦本身是一個發福的卦象，用艮卦字，對小朋友有開胃，增肥的影響力，但是若果與生辰及姓氏不配合，則反而會對健康有不良影響。

艮卦字亦代表多種不同行業，其中與土有關的行業如地產、建築、三行及瓷器，因艮有制止的意思，所以又代表紀律性部隊如警察、交通、武職等。艮卦字對上述各種事業，都有一定的助力。

而艮又代表安靜不動，故此，所有有關門市舖面等生意，均與艮卦有關。

用這個卦所相關的字，若果不能與命理姓氏相配合，恐怕會造成懶惰、內向，難與人溝通的個性，嚴重的更有自閉的傾向。

而健康方面，則要留心腸胃、肥胖、血糖、血管、盆骨及心臟等毛病。但若果使用洽當，則絕無以上的毛病出現。

艮卦字取用宜忌：（日期以陽曆立春、立夏、立秋、立冬為四季分野。）

- **生於二月四日至五月五日春季內，可用。**
- **生於五月六日至八月八日夏季內，不宜。**
- **生於八月九日至十一月七日秋季內，不宜。**
- **生於十一月八日至二月三日冬季內，可用。**

七艮

五行	土。
地理	山徑、山路、近山之地、東北之地、山。
人物	少男、閒人、山中人。
人事	阻隔、停止、保守、安靜。
身體	手指、骨骼、鼻子、脊骨。
時間	冬春之間、地支為丑寅的年月日時。
動物	老虎、狗、百獸。
靜物	土石之類、瓜果、黃色的東西、土中的東西。
建築	向北的建築、接近山邊的建築。
食物	所有獸類的肉、土中食物、甘味之食物。
色彩	黃、土黃。
字姓	土旁的字姓，五、七、十劃之字。
數目	五、七、十。

坤卦入字

「坤」卦是八卦其中一卦，五行是陰土，代表老的母親，個性柔順，能夠克苦耐勞，有堅忍的意志，又代表忍耐力強，是中國傳統女性美的代表，個性是對內，有女主內的意義。

坤卦有關的文字：坤、申，與田字部有關聯的文字，例如田、由、甸、男、畫、界、畢、畦、當等，均與坤卦有關聯。

通常男性用坤字作為名字的比女性多，但只要與八字配合，一定會有很好的影響力。坤卦又代表土地，主靜而不動，又代表田產物業，所以取用坤卦字而又適合的人，或多或少都會有田地物業。

用坤卦字的小朋友，個性溫和、柔順、很多時沉思，而且聽從父母長輩的教導。但若取用不當，則流於自私、消沉、心胸狹窄、善變、悲苦愁思等不良性格。由於坤卦也代表喜怒無常及善變，故若用字不能與筆劃姓氏配合，則對婚姻有不良影響；因坤卦屬孤寡的卦象，當行壞運時，會對婚姻有很大的破壞力甚或獨身。

事業上，代表內向研究的行業，如畫家、設計師、農田業、電腦工作者、作家等，一切以自己為主的工作，帶有孤單工作的成分者，都是坤卦有關的行業。另外，一些比較冷門而有厭惡性的行業亦是。

若果用坤卦字但不能與命理配合，則容易產生腸胃病、慢性病、皮膚病或者頑疾。當然，能夠與命理配合則另作別論。

坤卦字取用宜忌：（日期以陽曆立春、立夏、立秋、立冬為四季分野。）

- 生於二月四日至五月五日春季內，可用。
- 生於五月六日至八月八日夏季內，可用。
- 生於八月九日至十一月七日秋季內，不宜。
- 生於十一月八日至二月三日冬季內，不宜。

八坤

五行	土。
地理	田野鄉村、平地、西南地。
人物	老母、農夫、鄉下人、眾人、大肚子的人。
人事	吝嗇、柔順、懦弱、眾多。
身體	腹脾、胃、肌肉。
時間	地支為未申的年月日時、夏秋之交。
動物	牛、百獸、牝馬。
靜物	四方平面的東西、柔軟的東西、絲綿、五穀、瓦陶。
建築	向西南的建築、村居、農舍、倉庫。
食物	牛肉、土中之物、五穀、腹臟之物。
色彩	黃、黃中帶黑。
字姓	帶土字姓，五、八、十劃之字。
數目	五、八、十。

第三章

命名宜忌

「龍」、「虎」的喜忌

中國人最重意頭，意頭好和威武的文字，都廣為人所愛用，比如「龍」字。龍是吉祥之物，而且威武，更是天子之象，故此受人尊重。若果人名有龍字，究竟是好是壞？古今中外，以龍字為名的名人多不勝數，有李小龍、尊龍、成龍、史泰龍等，都是中外著名的大明星，所以龍字確是一個受人觸目的文字。

龍字在十二支屬「辰」，以龍字為名，有下列數點要留心：

（一）凡八字命內格局不是特別富貴，不宜用龍字，因為八字與名字必須相配。

（二）凡下列生肖忌用龍字：

①**肖龍忌用**：因龍即辰，辰辰自相刑。

龍年生人用龍字，主同業相輕，朋友出賣，合夥破財，健康不利。

②肖狗忌用：因龍即辰，狗是戌，辰戌相沖不利。

狗年生人用龍字，主拍檔失和，兄弟分散，破財是非，婚姻反覆，健康不利。

③肖牛忌用：因龍即辰，牛是丑，辰丑相破不利。

肖牛生人用龍字，主不利感情，財多破耗，手術破相，小人多多。（見圖一）

（圖一）

至於何種人等可以用，或者適宜用龍字？亦有下列數點：

（一）凡八字命格入於富貴秀三者，均可以考慮。

（二）凡生於春夏兩季，或命中火重燥熱，喜愛用濕土為用命者，因龍是辰土，即是濕土，主有調候之力。

（三）凡屬雞、屬鼠、屬猴，而又符合以上兩項條件者，亦可用龍字。（見圖二）

（圖二）

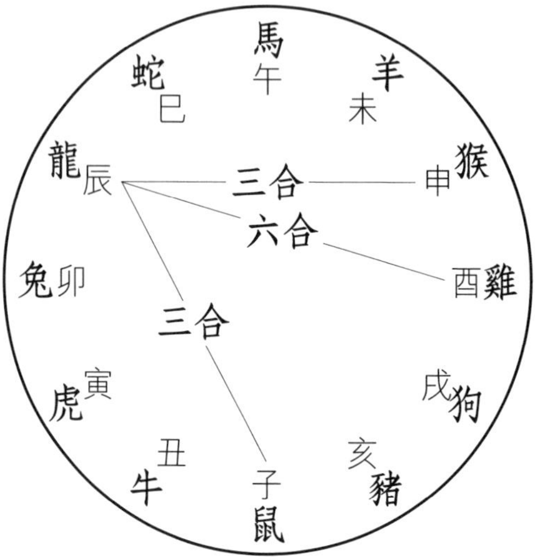

「虎」字與「苦」字同音，用虎字改名亦要十分小心。

虎在十二地支是「寅」，寅代表老虎、豹、獅類，但凡人名、公司名及地名，都要非常小心地運用。

虎在中國人來説，是代表威武、勇猛、英雄，若用之得法，可有助運氣。但要留心下列各點：

（一）**肖猴忌用**：因猴屬申，虎屬寅，申寅相沖不宜。肖猴之人用虎字，不論男女均主破財、是非、勞碌、官司、車禍，男性更主婚姻阻滯。

（二）**肖蛇忌用**：因蛇屬巳，虎屬寅，巳寅相刑不宜。肖蛇之人用虎字，主物業運反覆，住所不穩，長輩無緣，六親無助。

（三）**肖豬忌用：**因豬屬亥，虎屬寅，亥寅雖相合但相破都不宜。

肖豬之人用虎字，主先得後失，先甜後苦，官司不解，感情糾纏，用人不力。（見圖三）

（圖三）

此外，寅字是代表陽木，有助木生火洩水之力。若八字之中，生於秋冬，即陽曆八月八日立秋之後至二月三日立春之前，命中水多濕重，大利用虎字。命學要書《滴天髓》有言：「水蕩騎虎」，即用寅字，即用虎、豹、獅等字一樣。

虎字地支是寅，不單止虎字要有以上避忌，用寅字亦一樣。寅與「仁」同音，「仁」於是乎亦與虎字有同樣避忌。

此外，「人」字與寅亦同音，在五行生剋上，與虎字有同等功用。所以有時用花名，或者被人稱呼作「仁哥」、「人哥」，原來是已經用了與虎、寅等有關的五行，是喜則無妨，是忌則應該少用為妙。

寅是地支驛馬之所，用「虎」字、「寅」字、「仁」字、「人」字等人士，都跟驛馬拉上關係，吉則移民、出門、外地發財；凶則車禍、外地破財、移民生禍，不可不知。

但凡取用名字與動物、走獸有關聯的文字，都應該十分小心，例如：麟、獅、豹、虎、鶴等等，都直接反映十二個地支符號，都有十分強烈的生剋制化，吉凶十分明顯，就算是用筆劃加減算準了好處，都免不了受地支刑沖會合的影響。為甚麼十二地支有這麼大的影響力呢？是因為干支結構本來就是天文學上行星的運轉，星體的磁場引力強大，對人類的影響是十分之巨大的。

驛馬星動

姓名學之中，很多時候都需要用一些取形取象的方法，去判斷姓名的吉與凶。

「驛馬」在算命學之中，是代表走動、遷移的神煞。凡命中驛馬重的，均代表着此人有離鄉別井的運程與機會，遠者會離鄉，近者代表事業多動少靜，多出門。在某些行業來説，有驛馬比無驛馬好，例如營業員、保險經紀等，經常要出外工作的人，都是有利的。

另外一類是希望移民的人士，若命中有驛馬，都容易移民，所以古今看命的方式，是會有某程度上的分別，但萬變不離其宗。

文字中帶驛馬意思的字不少，如命格中能與這些字配合運用，則出門得財，或者外出發展，都有百利而無一害。

相反者，如果這一類驛馬字，與本身命內用神五行不能配合而又錯誤運用，都是不利外出，或者因外出而破財，或者在外遇險，總之問題多多。以下有一些例子可給讀者參考何謂驛馬字。

（一）但凡有「辶」部首的：

例如：達、蓮、遙、建、進、廷等都是。

（二）但凡是水字邊部首的文字：

例如：水、永、汝、汗、江、池、汛、求、沙、沈、沛、汪、決、沐、沖、汽、汲、注、泥、河、沽、沾、波、沫、況、油、法、沿、泡、泛、泉、洋、洲、洪、流、津、洞、洗、活、派、洛、洸、洒、洄、泰、浪、涕、消、涇、浸、海、渭、浩、浣等都是。

以上兩類字，均與「水」相關聯，都主驛馬，何解？因水性流動、浮蕩，故主動而不定，皆屬驛馬字，但上列字並非人人合用，要知何人合用，下表可作參考：

- **由二月四日至五月五日春天木旺，忌用。**
- **由五月六日至八月八日夏天火旺，最利。**
- **由八月九日至十一月七日秋天金旺，亦好。**
- **由十一月八日至二月三日冬天水旺，最忌。**

註：每年的春夏秋冬四季必須看該年的立春、立夏、立秋及立冬日去分辨，但每年大約都是二月四日立春，五月六日立夏，八月九日立秋，十一月八日立冬，相差不會多於一天。四季節令表見於本書第155頁。

（三）但凡有馬字邊部首的文字：

例如：駒、馳、駿、騏、馴、駕、駙、駪、驅、騫、驀、騶、驍等都是。何以有馬字邊就是驛馬字呢？道理就是按照本文首段所談到的取形取象的用法，但並非每一個人都可以用馬字邊的文字，因馬字在地支屬午火，下列人士忌用：

- 肖鼠因子午沖，主破財、是非。
- 肖牛因丑牛穿，主物業、長輩不利。
- 肖馬因午午自刑，主同行、朋友相輕，並不和睦。

另外，亦要注意到出生月份能否配合？

- 生於春天，木旺見火，相生大利，可用。
- 生於夏天，火多自焚，忌用，主財丁不旺。

- **生於秋天，秋金見火，名高配貴夫，可用。**
- **生於冬天，寒水見火，財名高照，大利。**

按照命內喜用火者，不妨多加考慮用馬字邊的文字。

（四）但凡見有飛禽意思的文字：

例如：燕、雁、娟、鳳、凰、鴻等都是。

飛禽在天，到處來往，亦都是代表東奔西走，來往自如的意象，用之得法，自可遨遊於各地。但也是非人人合用，因「會飛」屬地支「酉」金，下列人士不能取用：

- **肖兔因酉卯相沖，主官司、手術、離婚。**
- **肖雞因酉酉自刑，主兄弟姊妹不和、是非。**

- **肖狗因酉戌自害，主子女、下屬問題多多。**

另外，又要留心出生月份能否配合：

- **生於春季，木旺見金，得以成才，可用。**
- **生於夏令，火旺煉金，財祿自足，可用。**
- **生於秋令，金金自刑，得失無憑，不宜。**
- **生於冬令，金多水濁，生而不生，忌用。**

總之，文字的用法，千變萬化，不要以為照樣搬到自己頭上，便有同樣效果。

四季節令表

四季	地支	節	日期（陽曆）	氣	日期（陽曆）
春	寅	立春	二月四日	雨水	二月十九日
	卯	驚蟄	三月六日	春分	三月二十一日
	辰	清明	四月五日	穀雨	四月二十日
夏	巳	立夏	五月六日	小滿	五月二十一日
	午	芒種	六月六日	夏至	六月二十一日
	未	小暑	七月七日	大暑	七月二十三日
秋	申	立秋	八月八日	處暑	八月二十三日
	酉	白露	九月八日	秋分	九月二十二日
	戌	寒露	十月八日	霜降	十月二十三日
冬	亥	立冬	十一月八日	小雪	十一月二十三日
	子	大雪	十二月七日	冬至	十二月二十二日
	丑	小寒	一月六日	大寒	一月二十日

花名及乳名

花名及乳名，其實對一個人的運程都有一定的影響。花名例如叫阿蟲、阿牛、阿花、阿旦、阿豬。乳名則有人叫狗仔、蝦仔等等，不能盡錄。

古時候醫學未算發達，小朋友病痛多，甚至有夭折的情況出現，於是老人家便認為，替小朋友改一個比較「粗生粗養」的動物名稱，便可以快高長大。

這種方法，當然包括有一些迷信成分在內，但又不難理解父母對子女成長的期望，在無計可施之下，唯一可採取的對策。

但是花名及乳名其實都有五行之分，所以對兒童成長會有一定的影響。

例如「牛仔」，牛即是地支丑，五行是濕土，若果生於夏天則大吉大利，因為夏天火旺，喜得土洩氣並潤局。用「阿牛」做花名或乳名，準是可以起補助的作用。

但若果生肖屬羊、屬狗，就大忌用「牛」字，因牛是丑、羊是未、狗是戌，丑未相沖，丑戌相刑，為百害而無一利，更何況是用於未成長的小朋友身上，個中苦況，可想而知。

現將幾個比較常用的乳名，分別吉凶如下：

（一）生於二月四日至五月五日內，忌叫阿蝦、阿豬。

（二）生於五月六日至八月八日內，忌叫阿狗、阿牛。

（三）生於八月九日至十一月七內，忌叫阿豬、蝦仔。

另外，要知道花名及乳名與生肖相沖、相刑：

（一）「蝦」字沖馬年生人，刑兔年生人，害羊年生人均忌用。

（二）「狗」字沖龍年生人，刑羊年生人，害雞年生人均忌用。

（三）「豬」字沖蛇年生人，害猴年生人，刑豬年生人均忌用。

（四）「牛」字沖羊年生人，刑狗年生人，害馬年生人均忌用。

行運當旺字

人有人運，字有字運，改名時可以參考目前當時得令的文字，會有很大的助益。

文字的運程，是依照風水學上的元運分類。查三元一百八十年，將分為上元、中元、下元，共六十年為一個元，一元有三運，三元合共九個元運，每運二十年，是一百八十年循環一次。

元運的來源，依天上木星與土星，約二十年交會一宮度，是大氣候，分為一白運、二黑運、三碧運、四綠運、五黃運、六白運、七赤運、八白運、九紫運。

其實，元運即是八卦乾坎艮震巽離坤兑，五黃在中宮無卦體，是中央混雜之氣。

元運有時間去分別，於是風水輪流轉，近代元運分別時間如下：

一八六四年——一八八三年（一運坎）
一八八四年——一九〇三年（二運坤）
一九〇四年——一九二三年（三運震）
一九二四年——一九四三年（四運巽）
一九四四年——一九六三年（五　運）
一九六四年——一九八三年（六運乾）
一九八四年——二〇〇三年（七運兌）
二〇〇四年——二〇二三年（八運艮）
二〇二四年——二〇四三年（九運離）
二〇四四年——二〇六三年（一運坎）

二〇六四年——二〇八三年（二運坤）
二〇八四年——二一〇三年（三運震）
二一〇四年——二一二三年（四運巽）
二一二四年——二一四三年（五　運）
二一四四年——二一六三年（六運乾）
二一六四年——二一八三年（七運兑）
二一八四年——二二〇三年（八運艮）
二二〇四年——二二二三年（九運離）

上一個元運由一九八四年至二〇〇三年，屬七運兑卦當令。

換言之，與兑卦有關聯的字，均有運行，會出風頭、見報、上電視、知名度提高等。

兑卦有關的字如下：

澤、兑、説、悦、口、舌、鋭、酉、酒、醒、配、酌、鄭、酋、尊、醉、酬、醫、醬、庚、辛、新、言、誠、記、訥、詣、詩、該、詳、詹、論、諭、諾、諺、謙、譜……等

其餘字類，讀書可以引伸言之。當中不難發現，兑卦在八卦是兑為澤，所以澤字在一九八四年至二〇〇三年盛而不衰，何以見得？

香港首富李嘉誠，其公子李澤楷，李澤鉅的「澤」字在中間；商界名人鄭裕彤的「鄭」字中包括酉字在內……等等，均是明顯而易見。

現在已進入八運時期，再會有另外一種形式的文字脱穎而出，看誰可以領風騷，還看八運艮卦所掌管的文字。

艮卦有關的文字：

艮、近、銀、山、崑、崎、卿、岑、岩、岳、岱、岸、峒、峨、崔、崖、嵐、崇、嶸、嶺……等與山字、艮字有關聯的字，另丑、牛、紐、寅、演、仁、人等字亦是。

現在出生或者在未來三數年內出生的小朋友，可以考慮用八運當旺的名字，而公司名亦可以用當時得令的名字，去加強運勢。

但切記採用當運的文字，首先要與自己的出生時辰八字配合，才可以達到預期的效果，切勿盲目跟風。

論英文名的配合

現今社會中西合璧，華洋共處，很多人有用英文名的習慣，但到底英文名是怎樣去分吉凶呢？英文名是否對一個人的運程有影響呢？又是否要看筆劃？但筆劃又如何算呢？總之問題一大堆。

中西文化源流不同，中國術數以東方文化為依歸，在古時並未有顧及到外國文字、文化與五行的觀念。但是萬事只要掌握基本原理，便可以隨時代變通，其實中西術數都是同源的。

中國的十二地支，早在數百年前的明朝術數書中，已經將十二星座與十二地支相屬歸類。

（一）亥是雙魚座

（二）戌是白羊座
（三）酉是金牛座
（四）申是雙子座
（五）未是巨蟹座
（六）午是獅子座
（七）巳是處女座
（八）辰是天秤座
（九）卯是天蠍座
（十）寅是人馬座
（十一）丑是山羊座
（十二）子是水瓶座

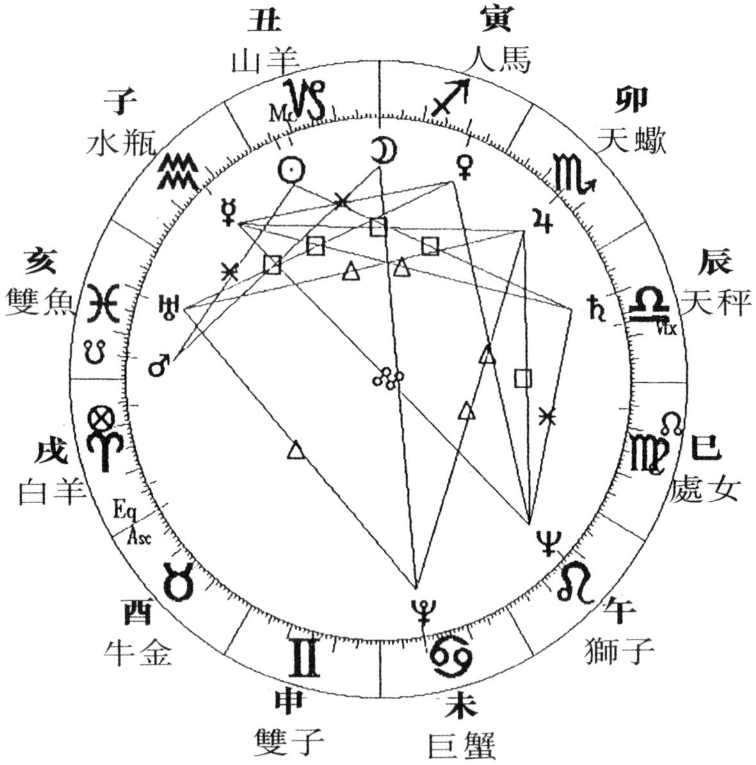
丑
山羊
寅
人馬
子
水瓶
卯
天蠍
亥
雙魚
辰
天秤
戌
白羊
巳
處女
酉
牛金
午
獅子
申
雙子
未
巨蟹
Mc
Eq
Asc
Vtx

西方星座的變動型星座是雙子座、處女座、人馬座、雙魚座，即是子平地支的寅、申、巳、亥四驛馬之星，名字不同，但意思一樣，西方的黃道十二星座，原來即是東方的月將。

所以中西玄學只有相連之處，甚少排斥的地方。英文都是文字，都可以分五行，基本的分類，可以用字的形狀去分五行的種類。

（一）**金形字：**以圓形屬金，所以凡字形帶圓形的英文字母都屬金，例如B、C、D、G、O、P等是。

（二）**木形字：**以直長形屬木，所以凡字形是直長形的英文字母都屬木，例如F、I、L、T、K、X等是。

（三）**水形字：**心形彎曲波浪形屬水，所以凡字形帶波浪彎曲的英文字母可以屬水，例如S、R、J、Q等是。

（四）**火形字：**以尖頂形屬火，所以凡字尖頂的英文字母都可以屬火，例如A、M、N、V、W、Y等是。

（五）**土形字：**以平頂形屬土，所以凡字形平頂四方的英文字母都可以屬土，例如E、H、U、Z等是。

如果英文字母單一使用，是可以用上述方法去分辨，但是英文名是由多個英文字母所組成，就不能用上述的辦法去分別。

其實，英文字是西方國家的名字，英文是英國、美國的代表，既然以英、美代表，則英文名本身，五行屬性就以金為主。

所以用英文名的人，有宜也有不宜，全視乎本身八字的喜忌。命內喜用金的，最利用英文名；命內忌金的，最不宜用英文名；命內以金為財的，而又身強可以任財，則最利用英文稱呼，否則不用也無妨。

簡單地列表如下：

- **生於二月四日至五月五日春天內，木旺愛金，可用英文名。**
- **生於五月六日至八月八日夏天內，火旺愛金，可用英文名。**
- **生於八月九日至十一月七日秋天內，金旺忌金，忌用英文名。**
- **生於十一月八日至二月三日冬天內，水旺忌金，忌用英文名。**

以上日期以立春、立夏、立秋、立冬為分界。

再其次要知道英文名本身的字義及意思，很多時一些英文名會跟五行有相連，例如女性用阿 MAY，MAY 本身就是月份，是五月夏季，於是代表火旺，是以命內忌火的人就最忌用。

很多時一些女性朋友都喜歡用自己出生的月份做英文名，例如五月出生叫阿MAY，六月出生叫阿JUNE等，都並不太適宜，因為在中國術數上叫做「伏吟」。

命書有云：「伏吟淚淋淋，不傷自己，也傷他人。」這種說法可能比較嚴重，但是又不無道理。因為出生月份是當時得令的旺氣，在術語上叫做月令，月令掌萬物生殺之權，本身已是旺極，如果名字再加多一個月令，則變成旺極變煞，物極必反，有兩虎雙鬥，必有一傷的情形出現，所以都是不用為妙了。

筆劃五行

文字分五行的方法有很多，不外乎觀察字的字形、部首、邊旁為主。比較難分辨的字則要用到同音、同韻去分，最後才用到數筆劃的方法。

為甚麼最為人所熟悉的數筆劃方法，卻排到最後呢？因為字形部首是最表象的東西，最明顯的東西當然為主，筆劃是原始而不明顯的東西，當然為副。好比看風水，要以宅中心為外看得見附近的山水為主，如果不論明顯的山水，而去論十萬八千里以外的來龍起伏，則是不合道理的。

但話分兩頭，有一小部分字是必須用數筆劃的方法去分五行的，例如：

用字、**以字**、**又字**、**世字**

以上四個字，比較難於歸類入天干、地支的範圍之內，故此必須以數筆劃的方法去分五行。

筆劃五行，最原始的來源是分「金」、「木」、「水」、「火」、「土」五行數，原始時候五行的起源於《河圖洛書》。

相傳神龜由水中出，龜背上有不同數目的圖案，於是發明了「洛書九宮圖」，是後世風水學的數理依據。（見圖一）

而「河圖」是在一隻神馬的身上，找到不同數目的印記，而啟發出五行數目的之始。（見圖二）

圖一：烏龜背書(《洛書》)

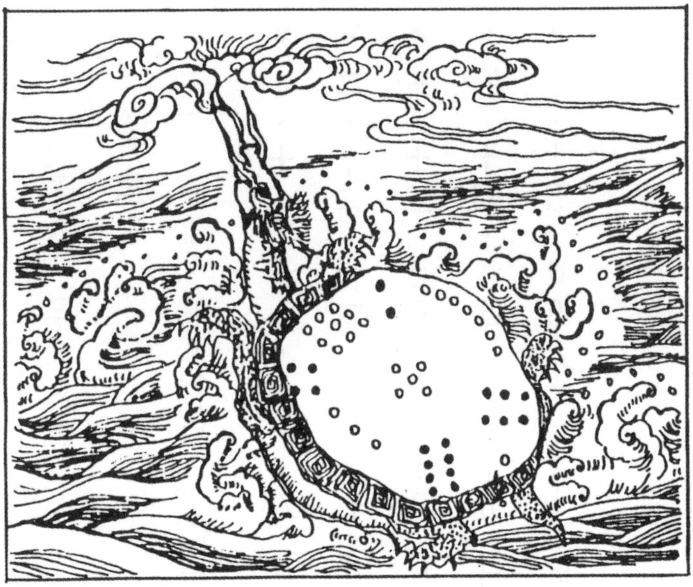

圖二：龍馬負圖(《河圖》)

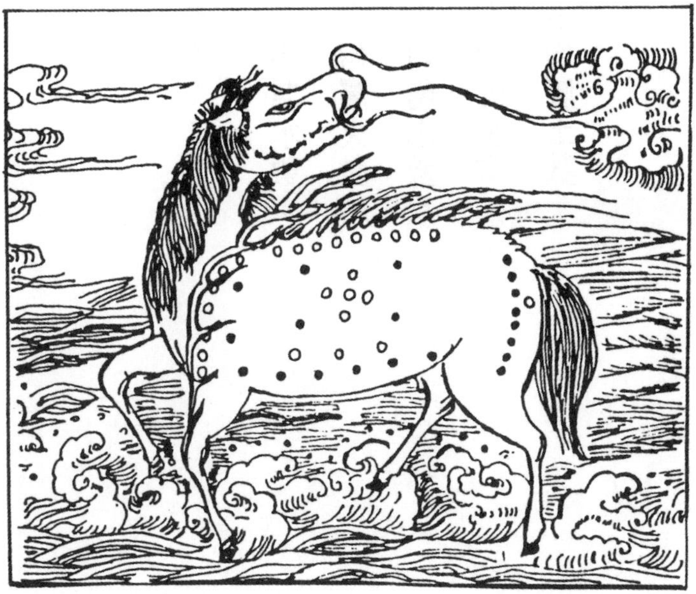

後世以五行分出的數目為：

一、六屬水，二、七屬火，

三、八屬木，四、九屬金，

五、十屬土，餘此類推，可倍至無窮無盡。

● 一、十一、廿一、六、十六、廿六……均屬水數。

● 二、十二、廿二、七、十七、廿七……均屬火數。

● 三、十三、廿三、八、十八、廿八……均屬木數。

● 四、十四、廿四、九、十九、廿九……均屬金數。

● 五、十五、廿五、十、二十、三十……均屬土數。

得知命內所喜用神，可用的筆劃數目，分析如下：

- **命內喜水為用神者，可用一、六、十一、十六數的筆劃。**
- **命內喜火為用神者，可用二、七、十二、十七數的筆劃。**
- **命內喜木為用神者，可用三、八、十三、十八數的筆劃。**
- **命內喜金為用神者，可用四、九、十四、十九數的筆劃。**
- **命內喜土為用神者，可用五、十、十五、二十數的筆劃。**

至於筆劃的數法，是按照書寫筆劃為主，無須查閱原有的部首。例如「油」字，照書寫筆劃算八劃就可以，無須將三點水還原為「水」字部首算作四劃，於是把整個字錯變成九劃。

計算筆劃的數目，要以書寫的筆劃為主的理由，與上文提到的風水道理一樣，愈明顯具體的東西，就愈是應驗。

現在通用的筆劃姓名學，所用的一套計算五行的方式，與本章所介紹的有所不同，按這種三才式的算法，是用「天地範圍數」。

相傳「天地範圍數」，即「連山卦數」，因其以艮為始終，所謂範圍天地不過，曲成萬物而不遺，下面詳述，讀者可以自己參考：

天一　地二　天三　地四　天五

甲一　乙二　丙三　丁四　戊五

地六　天七　地八　天九　地十

己六　庚七　辛八　壬九　癸十

用甲一、乙二、丙三、丁四、戊五、己六、庚七、辛八、壬九、癸十，於是一、二是甲乙木數，三、四是丙丁火收，五、六是戊己土數，七、八庚辛是金數，九、十壬癸是水數。

原理亦是源自中國，亦有根有據。但是在運用的時候，何以要在人名之前多加一個零的虛數才相加，真令人百思不解。

術數發明，斷不能憑空設計，而是有一定的數學邏輯，例如子平命理，年是最早而來，故代表祖基；年之後是月份，代表父母；月份而後日子，代表自己及夫妻；日後是時辰，排到最後，代表子女及終局，是完全合乎邏輯，讀書當三思之。

字劃起數

利用名字來改變一些事情及運氣，古已有例，其中以古人邵康節一例最神驗。

邵康節是宋朝人，是哲學家，亦是術數泰斗，著有《皇極經世書》，分析國運大勢，相傳「鐵板神數」亦是由邵康節發明。邵康節當時有一子，生性蠢鈍，謀不到功名，邵康節恐怕此子無以維生，故將此數傳授其子謀生，因此數起例簡單，故當時又稱「鈍子數」。

而邵康節另一種發明的學問是「梅花易數」，此數當中有一占例，相當有趣而有啟發性。

話說邵康節某天路過西林寺，看見橫額上「西林寺」的「林」字欠兩鈎，覺得奇怪而占算之，以西字七劃、林字八劃，得上下卦，卦象是山地剝。三爻動，互變重坤。

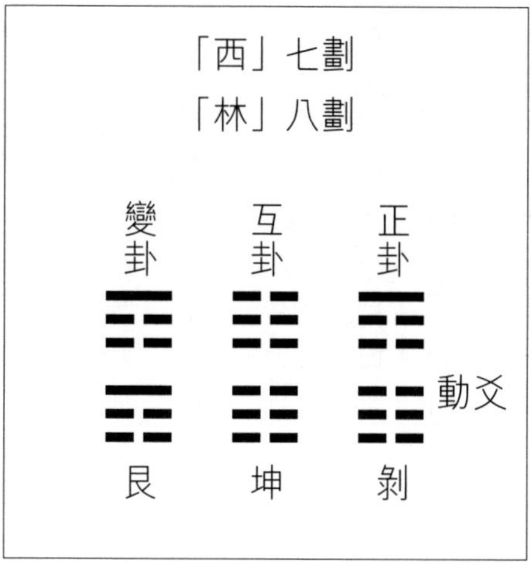

先生合指一算，西林寺是純陽之居所，但得出卦象為重陰之卦（按坤上坤下屬純陰卦），有群陰剝陽之兆，故此寺必然有因女人之事而起禍端，於是向寺中僧人查問，果然如卦所指，確有女人是非之事。

邵康節立刻想出化解的辦法，對寺僧說：「可以將林字加添兩鈎，則自然無女人之禍矣。」寺僧信而照做，後寺中女人之禍果然平息。

心水清的讀者也許已經明白，林字加兩鈎，變成十劃數，除八得二是兑卦，正卦是山澤損，互見坤震，用生體卦為吉，故可以得平安。上例其中有些用八卦起數，某些地方讀者可能不明白，但只要知道，改名要與當事人的運程性別配合，即如上例「純陽之地」不能用「純陰之數」。（見左頁圖）

用八卦改名，是另一套改名用的系統，在某些情形之下是需要用這套方式去運算，這種用卦象爻辭生剋的改名方法，適宜用作一些公司名的起名方式，尤其是公司有很多股東的時候，如果按照每一個人的生辰八字去運算，有時會無所適從，故可以用梅花易數的方式去計算。

「西」七劃

「林」八劃

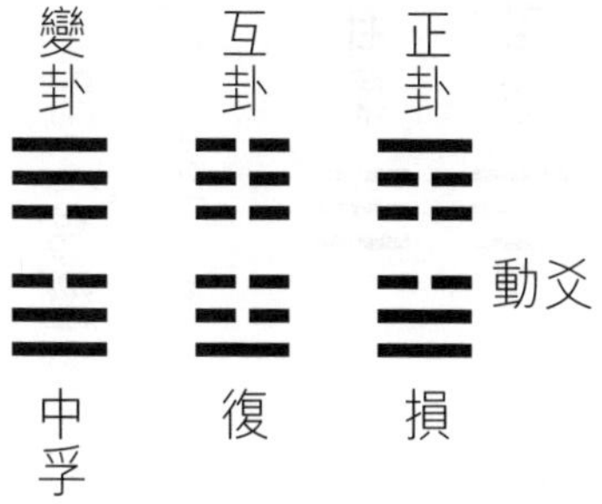

易經姓名學

有一種中國姓名學以《易經》為主，這一種改名方式，跟梅花易數有很大的關聯，而梅花易數是由邵康節發明，故此，這一種改名的方式，也可以說是由邵康節而來。用《易經》求名字，首先要將本身的姓名化成八卦，姓的一字是上卦，名的兩字為下卦。例如姓「王」，首先王字四劃，按照八卦數是：

乾　一　卦象 ☰
兌　二　卦象 ☱
離　三　卦象 ☲
震　四　卦象 ☳
巽　五　卦象 ☴
坎　六　卦象 ☵
艮　七　卦象 ☶
坤　八　卦象 ☷

按八卦數顯示，王字四劃是震卦，如果名字叫「小明」，則小字三劃，明字八劃，三加八是十一，總數大過八則除八，得餘數是三，所以「小明」兩字屬離卦。

四劃震卦　　三加八離卦

王　小明

☳　☲

雷　火　豐

劃出卦象是「雷火豐」（見下頁圖一），是謂之基本卦。

圖一：《易經》配卦表

名字（下卦）								姓名（上卦）
8 地 坤宮	7 山 艮宮	6 水 坎宮	5 風 巽宮	4 雷 震宮	3 火 離宮	2 澤 兌宮	1 天 乾宮	
天地否	天山遯	天水訟	天風姤	天雷無妄	天火同人	天澤履	乾為天	1（乾天）
澤地萃	澤山咸	澤水困	澤風大過	澤雷隨	澤火革	兌為澤	澤天夬	2（兌澤）
火地晉	火山旅	火水未濟	火風鼎	火雷噬嗑	離為火	火澤睽	火天大有	3（離火）
雷地豫	雷山小過	雷水解	雷風恆	震為雷	雷火豐	雷澤歸妹	雷天大壯	4（震雷）
風地觀	風山漸	風水渙	巽為風	風雷益	風火家人	風澤中孚	風天小畜	5（巽風）
水地比	水山蹇	坎為水	水風井	水雷屯	水火既濟	水澤節	水天需	6（坎水）
山地剝	艮為山	山水蒙	山風蠱	山雷頤	山火賁	山澤損	山天大畜	7（艮山）
坤為地	地山謙	地水師	地風升	地雷復	地火明夷	地澤臨	地天泰	8（坤地）

知道了名字的基本卦象之後，就可以按照卦的意思，卦的爻辭（爻辭請參考《易經》），卦的生剋，去判斷姓名的好壞。

在改名的時候，時有用三個字，也有用兩個字，若遇有複姓的更會多至四個字，那又應該如何配法。分述如下：

（一）兩字姓名：二字為兩儀平分，以一字為上卦，一字為下卦。例如：

「王明」，姓王是四劃得震卦，明字八劃得坤卦，是為雷地豫卦。

四劃震卦	八劃坤卦
王	明
☳	☷
雷　　地	豫

（二）三字姓名：三字為三才，以一字為上卦，兩字為下卦，因為天輕地重，於是用兩字為下卦，見「王小明」例。

（三）四字姓名：四字為四象平分，上下為卦，上兩字總劃數為上卦，下兩字總劃數為下卦。例如：「上官小明」。

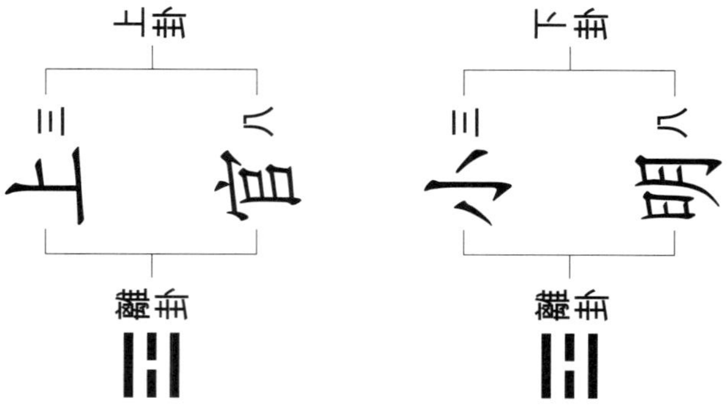

上字三劃，官字八劃相加，共十一劃，大過八除八，餘三是離卦。

小字三劃，明字八劃相加，共十一劃，大過八除八，餘三亦是離卦。

查第184頁「《易經》配卦表」，得出基本卦是「離為火」。

䷝ 離為火

下面列出古秘傳六十四卦解法詩詞，當中有象解，有斷詞，於是姓名卦象好與壞，得知大概。

八卦斷例章

䷀ 乾象	斷
六陽純一天行健　風虎雲龍聚會時 剛健身持恆不息　功名榮顯決無疑	乾者健也　事宜專一　人口安康　田蠶進益 問病獲安　占官轉職　所謀必成　所求皆得

䷫ 姤象	斷
天下有風陰媾陽　勿疑娶女女非良 順時消息行中道　品物咸亨大吉祥	媾者過也　謀必有遇　求官官榮　求財財遂 病者難安　婚姻休娶　卜筮行人　端的在路

䷠ 遁象

天下有山為遁象　埋光韲彩以修身
順時達變賢君子　不惡而嚴遠小人

斷

遁者退也　凡事宜退　公訟而和　行人阻滯
問婚不成　求財無利　病者遷延　田蠶微細

䷋ 否象

天地不交物不生　達人晦德避時屯
不居榮祿安常分　傾否之時福自臻

斷

否者塞也　凡事閉塞　切慮官司　提防盜賊
家宅平安　田蠶少得　守分安常　災消集福

觀象 ䷓

風行地上順而安　莫作尋常一例者
一切營謀無不遂　生財旺相已遷官

斷

觀者望也　凡事有旺　田蠶進益　家宅興旺
占婚最宜　求官為上　財聚病痊　獲福無量

剝象 ䷖

艮山扶地邪傷正　厚下安居反得輿
小人剝極不知變　陷身取辱剝其廬

斷

剝者落也　剝落之義　動則有傷　靜則無悔
退則獲安　進則不利　藏器待時　剝極復治

晉象	斷
日出于地晉文明　輝光普照德非輕 日蠶進益家興旺　職位高遷身顯榮	晉者進也　進必有升　進身必遂　進事有成 行人未至　公訟不明　病者難痊　財利稍平

大有	斷
火在天上為大有　順天休命育群生 光明普照無私曲　上下相通道大享	盛大豐育　所求必至　田宅昌榮　生財吉利 訟散病痊　孕生婚遂　除卻出行　般般稱意

坎象	斷
二水重重為習坎　險中之險未能通 久恆其德存中正　不失孚誠動有功	坎者陷也　凡事不通　田蠶不利　孕病皆凶 管財逢盜　行船遇風　惟誠惟信　出險成功

節象	斷
澤中有水名為節　苦節從來不可貞 不出戶庭無大咎　順時消息道元亨	節者節也　妄動無成　求謀有阻　公訟休爭 婚姻和合　身命不寧　占財少得　卜孕虛驚

䷂ 屯象	斷
雲雷屯卦無攸利　君子經綸惟利貞 藏器待時資輔助　自然屯散道光亨	屯者難也　元有亨義　目下未伸　到頭必遂 一切經營　悉皆遲滯　見貴求官　先難後易

䷾ 既濟	斷
水火相因為既濟　元來有始卻無終 防微杜漸無憂患　大者雖窮小者通	既濟濟也　舟行無滯　病者安康　訟者解釋 婚姻早成　生財遲得　出入無虞　營謀有益

革 ䷰ 象	斷
澤中有火革之亨　二女同居志不貞 改故從新趨世變　煥然文彩十分明	革者變也　事宜改更　身宜謀用　宅利修營 遷移進益　出入光亨　孕病皆吉　禍滅福生

豐 ䷶ 象	斷
雷電相應豐成時　盛衰消息要先知 守常安分方為吉　中則安時妄則危	豐者大也　利官利貴　婚姻有成　行人必至 孕生女子　病人沉滯　凡占家宅　半明半暗

䷣ 明夷	斷
傷明之象號明夷　鍾彩埋光始得宜 柔順克謙卑自牧　樂天知命待明時	明夷傷也　凡事不順　婚姻無成　公訟有競 占孕母憂　占家父病　一切施為　切宜謹慎

䷆ 師象	斷
地中有水為師象　畜眾容民用儉行 至正至中無過失　喜生憂散大光明	師者眾也　不利占身　求官雖吉　見貴遭嗔 休占財帛　莫問行人　病人遲痊　家宅災迍

艮象

兼山為艮當知止　正好潛身以俟時
君子思安無過咎　小人妄動必傾危

斷

艮者止也　凡事無成　只宜安靜　不利經營
時止則止　時行則行　思安所處　其道光明

賁象

山火相因光賁象　內明外止自然亨
觀時察變隨宜用　凡有求謀必稱情

斷

賁者飾也　公私並利　財祿雙榮　田蠶收熟
訟散孕生　病安婚遂　凡有施為　稱心滿意

大畜	斷
天上山中有大畜　透危拔險順天時 行藏動止皆如意　雲路亨通任所為	畜者聚也　人財利益　進喜散憂　加官轉職 田熟蠶收　婚成病脫　事事亨通　般般大吉

損象	斷
山靜澤清曰損象　故當損己益他人 損之又損功勳大　災患清除福億臻	損者損也　身宅平平　婚成病瘥　官旺財興 人口進益　家宅利貞　弗宜公訟　不利出行

睽象 ䷥	斷
火澤相因是謂睽　同居二女患相違 還占小事為中吉　若問行人定不歸	睽者異也　三體相違　問病有驚　求財不宜 婚姻不相　行人不歸　小事雖吉　也應遲遲

履象 ䷉	斷
一箇陰爻履五陽　雖行至險卻無殃 迴光返照從前事　素履元來最吉祥	履者禮也　以柔履剛　危中有救　險處無妨 弗占疾病　莫問官方　一切謀運　謹始營昌

中孚	斷
澤上有風曰中孚　順而和悅並無憂 推忠存信相推用　一切管謀百倍收	中孚信也　二相中實　虛實相通　動罔不吉 官貴陞遷　田蠶進益　憂散喜生　災消福集

漸象	斷
風山為漸徐徐進　進得其宜往有功 進事進身咸得正　漸高漸大漸亨通	漸者進也　田蠶進益　求官漸升　求財漸得 病疾漸安　公訟漸釋　一切所占　漸則大吉

震 ䷲ 象	斷
游雷為震必憂驚　省過修身固反常 虩虩不安存警畏　到頭反禍卻為祥	震者動也　震動驚惶　不宜妄動　惟利守當 公訟失理　婚姻不良　求財少得　謀事多妨

豫 ䷏ 象	斷
雷出地中為豫象　豫而順動應天時 施為必得朋相助　官旺財榮事事宜	豫者悅也　動以順豫　貴喜官榮　身安財聚 病者獲安　行人在路　一切施為　賢朋相助

䷧ 解 象	斷
震坎相交雷雨解　憂疑解散喜相逢 西南大得朋相助　濟險扶危往有功	解者散也　憂散喜生　日蠶進益　謀為得助 久囚得赦　病者安寧　孕生貴子　公訟和睦

䷟ 恒 象	斷
雷風相過恒常也　巽動相須事有功 日月得天而久照　人能應變道常亨	恒者久也　久常之義　身宅雙榮　公私兩利 訟宜早和　病須疾治　守舊安和　出行無功

䷭ 升象	斷
地中生木升為象　集小成高往有功 用見大人無不利　身榮名顯道亨動	升者進也　小集大成　見貴得貴　求名得名 婚姻和合　公訟和平　求謀運用　最利南征

䷯ 井象	斷
水升木上而為井　養物無窮靜所宜 動則無窮妄井德　達人藏器待天時	井者靜也　不宜妄為　求官謁貴　問病稽遲 田蠶半得　行人未歸　占婚阻滯　藏器待時

䷛ 大過	斷
澤滅木時為大過　棟樑將撓急扶持 雖然本末俱柔弱　巽悅而行住得宜	過者過也　剛過乎中　行船見阻　涉險無功 求官不達　問信難通　安常守分　庶免災凶

䷐ 隨象	斷
澤中雷動象曰隨　陽動陰隨相得宜 君子有孚存信吉　施為動用不違時	隨者從也　陰必從陽　官貴隨願　財祿隨心 婚姻和睦　疾病安康　凡占身命　福壽無疆

巽象

陰交陽下隨風巽　究竟先庚與後庚
利見大人行正事　始雖難阻後亨通

斷

巽者順也　順時行事　利財利婚　利官利貴
身泰訟和　田收蠶遂　惟占病人　金神為祟

小畜

風行天上為小畜　陰止陽剛志未行
君子順行修懿德　身雖艱阻道光亨

斷

小畜止也　陽受陰畜　求望宜遲　經營勿速
失物莫尋　婚姻不睦　宅舍小憂　田蠶半熟

家人	斷
風從火出曰家人　外象柔和內象明 明順相因家道正　人財增益宅安寧	風火家人　成家之象　婚姻和合　人財興旺 病訟無憂　田蠶有望　謁貴求官　獲福無量

益　象	斷
風雷相舉終成益　凡有施為眾所從 損己益人人益己　功成名遂喜重重	益者益也　凡事有益　利合婚姻　宜占身宅 詞病俱平　生財大吉　益己益人　乾坤合德

䷘ 無妄	斷
天下雷行無妄卦　不宜謀用利艱貞 安常守分宜忠正　無妄功成道大亨	無妄實也　凡事從實　動有災殃　守舊元吉 病瘥訟和　田收財積　官貴文書　重重進益

䷔ 噬嗑	斷
雷電相因名噬嗑　頤中有物未能亨 明威並用除奸究　隔礙潛通事有成	噬者齧也　嗑者合也　謀望卑安　求財且且 病重訟凶　孕憂婚寡　去礙除奸　惟道有者

頤 象

山下有雷頤養也　謹言節飲養其身
養民養物皆從正　動止安和福祿臻

斷

頤者養也　養宜從正　謀望周全　婚姻吉慶
訟吉病安　財榮祿盛　公事清平　門庭安靜

蠱 象

山下有風應有事　巽時止蠱事無爭
濟危拔險宜先甲　復治依元大吉亨

斷

蠱者亂也　亂必有治　家宅擾攘　身體暗昧
公訟遷延　文書純滞　孕吉病凶　婚成財利

䷝ 離象

明明相繼離之象　日月當天照四方
文德養性忘物我　人情和合得輝光

斷

離者麗也　凡事分明　不宜占宅　婚訟九成
孕雙蠶半　病重財輕　官貴有喜　最利行人

䷷ 旅象

山上火炎其象旅　事機宜早不宜遲
如占動用平平斷　若問行人未見歸

斷

旅者羈也　在旅之象　不利守常　運謀為上
訟散婚成　孕生獄放　病者禱禳　行人休望

䷱ 鼎象	斷
火木相因鼎得名　變更為熟舊更新 功名貴在調和得　疑慮冰消喜氣臨	鼎者器也　烹飪之器　求官十全　生財百倍 身吉宅榮　婚成病利　求事託人　卻宜仔細

䷿ 未濟	斷
坎離未濟相違象　凡事先難後易成 未濟雖然終必濟　必須誠敬託神明	未濟必濟　先難後易　凡事晚成　所謀遲遂 件件開心　般般如意　交易未成　行人未至

蒙象	斷
艮山之下出泉蒙　見險須知止有功 進退艱難謀未遂　仗人接引必亨通	蒙者昧也　蒙以養正　未可營謀　卻宜占病 失物異尋　婚姻無分　一切求謀　仗人引進

渙象	斷
巽坎相因風水渙　憂疑消散必亨通 涉艱濟險應須慮　桿厄扶衰獲有功	渙者散也　萬慮消融　孕生災脱　訟散財空 未謀遲滯　出入亨通　乘舟濟險　必獲全功

䷅ 訟象	斷
天與人連成訟象　訟中雖吉訟終凶 大凡作事先謀始　循理安常塞自通	訟者辯也　與物相競　凡事爭差　營謀不定 公訟辱身　禁囚傷命　安分安常　斯為福慶

䷌ 同人	斷
象曰天與火同人　契義相和利斷金 凡有運謀無不利　也須克正絕私心	同人同也　同心同意　婚孕皆成　貴官俱遂 田獲十分　財收百倍　出入行藏　所求皆至

坤 ䷁ 象	斷
六位純陰地勢坤　先迷後得永安貞 包容廣納無私曲　應地無疆道大亨	坤者地也　厚載無疆　家宅俱順　婚孕乃良 田蠶半吉　財帛榮昌　功名特達　其道乃光

復 ䷗ 象	斷
雷在地中陽自復　靜而後動又無災 明來無咎財增益　遇事還教往復來	復者反也　七日來復　財帛榮昌　田禾大熟 失去歸還　公訟和睦　利貴利官　宜蠶忌畜

䷒ 臨象	斷
地澤相因名曰臨　臨時臨事利和親 所謀陰貴相扶助　雖吉提防八月侵	臨者大也　克己臨人　宜占家宅　利問婚姻 財官並吉　謀望同倫　孕生男子　病犯祟侵

䷊ 泰象	斷
天地交泰物亨通　陽長陰消理莫窮 健順相須為日用　小求大得獲全功	泰者通也　事事亨通　田蠶婚孕　喜慶重重 公訟利順　家道興隆　孕生貴子　改換門風

䷡ 大壯	斷
雷上於天為大壯　凡占不可恃其剛 攸行用壯應傷己　退守謙和反吉祥	大壯壯也　四陽壯盛　用壯災生　用罔吉應 宜問婚姻　休占訟病　動則不中　守則為正

䷪ 夬象	斷
夬卦群陽夬一陰　遲疑進退禍相侵 決然一定無憂慮　凡有施為必稱心	夬者決也　有決定志　交易稱心　生財如意 婚及吉昌　貴官成遂　病訟遷延　文書遲滯

需 ䷄ 象	斷
水上天干需待也　徒而行險事艱危 報言卜者休輕進　克己存誠且俟時	需者待也　不宜輕舉　所謀不成　出入險阻 婚姻宜男　六甲生女　藏器待時　事無不取

比 ䷇ 象	斷
水地相因名曰比　五陰和順一陽剛 因時從眾須乘勢　稍有稽遲反致殃	比者輔也　陰來輔陽　官貴旺相　身宅安康 訟病解散　婚姻吉祥　一切謀運　和順乃光

兑 象	斷
麗澤相因名曰兑　友朋講習貴孚誠 互相浸潤推誠敬　和悦交通事有成	兑者悦也　凡事和會　病瘥婚成　孕生災遇 身宅平安　行人立至　六畜生財　獲利百倍

困 象	斷
澤中無水困之名　陰掩陽爻理不明 誠以自持堅固守　身雖處困道常亨	困者厄也　陰以掩陽　宅身孕病　件件遭傷 生財少利　公訟多妨　報言占者　安分守常

䷬ 萃 象	斷
兑悅坤柔為萃卦　存誠致敬感神明 中心守正無遷變　福集災消大吉亨	萃者聚也　物惟誠身　身財兩吉　福祿雙榮 婚姻和合　六畜孳生　病訟終吉　田蠶晚成

䷞ 咸 象	斷
兑澤艮山咸感也　有感方通理大常 上下和同雖吉兆　虛中受物更為良	咸者感也　有感必應　官鬼周全　宅身喜慶 宜孕宜婚　利訟利病　咸道雖通　更宜貞正

蹇象	斷
險前險後當為蹇　進則多迍退則宜 大蹇朋友由箇甚　剛中知止善趨時	蹇者難也　凡事蹇鈍　官貴艱難　出行休問 莫卜身財　休占婚孕　出險如何　守常安分

謙象	斷
地下有山謙遜也　以謙自牧契真常 勞而不伐真君子　身愈卑而道愈光	謙者遜也　柔謙知止　弗利婚姻　休問移徙 財帛休求　公訟且已　身吉病瘥　行人至矣

小過	斷
山恥有雷曰小過　卻如飛鳥以遺音 情知所過不甚遠　舍大從微咎不侵	小過過也　所過不遠　身宅微災　交易財鮮 官阻病憂　孕驚婚免　凡百所占　悉皆虛驚

歸妹	斷
震雷兌澤為歸妹　少女從陽正合宜 凡事問占宜守靜　擬行必在得其時	歸妹歸也　女歸之象　公訟不明　貴官休向 身宅少憂　婚姻為上　守之則宜　動之弗當

八卦法用例

	父子	君臣	人事	藝業	尋訪	轉官	安厝	居處	營運
乾	父	王公	官事	士	貴人	朝廷	朝向	屋宇	車輿
坤	母	宰相	家事	農	主人	任所	羅堂	產業	舟船
震	長男	諸侯	身事	工	客人	差遣	林鹿	動用	器械
巽	長女	大夫	公事	商	行人	宣命	行木	簾幃	繩直
坎	中男	公吏	憂事	武	吏人	印絲	風水	池井	弓輪
離	中女	士人	心事	文	士人	保明	香火	爐灶	門冑
艮	少男	庶民	閒辜	醫	商人	復任	主山	門屏	闇寺
兌	少女	伶倫	喜事	卜	匠人	解由	陂塘	總門	剮卣

八卦取象例

	在天成象	在地成形	近取諸身	遠取諸物	卦體	卦義	人體	人材	德性	情偽	內臟	性本
乾	天	金	首	馬	圓	健	端正	精勤	誠恪	武勇	心	神
坤	雲	土	腹	牛	方	順	雄壯	柮訥	敦篤	吝嗇	身	形
震	雷	木	足	龍	大	動	俊鋭	技巧	決烈	躁暴	肝	魂
巽	風	竹	手	雞	長	入	潔淨	活落	謙遜	進退	胃	志
坎	月	水	耳	豬	實	陷	清奇	通疏	淳村	隱伏	腎	精
離	日	火	目	雉	虛	麗	秀麗	智慧	靈變	虛詐	膽	氣
艮	氣	山	鼻	狗	小	止	短小	慵懶	鎮重	偏執	脾	意
兌	雨	河	口	羊	短	説	柔美	捷辯	溫潤	誣妄	肺	篡

第四章

命與字配合名人實例

楊千嬅

楊千嬅生於一九七四年陽曆二月三日，八字是：

年　癸丑
月　乙丑
日　乙亥
時　〇〇

冬天出生，五行是水旺結成冰，最愛火來解凍，並且要用木來生火，是為之第一用神。

她出生的一天是乙木，是花草之木，最愛是太陽照暖，雨露潤澤，冬天水已足夠，只欠陽光，看看她的姓氏：楊，左邊木旁，右邊日頂，木火照暖，姓氏管一個人的三十前已經頭角漸露，歌唱成名。

她原名叫楊澤嬅不用，是明智之舉，因為澤為金水字，並不合用。嬅字是代表美女，華即是花，五行為木，千嬅乃眾多之花，不論在五行、意象、調候各方面，都是與出生日期極之配合。

楊千嬅已婚，看她夫婿丁子高是什麼五行？

丁是火，可解千嬅命中寒氣；子雖是水，但卻是千嬅乙木命的天乙貴人，更與本命屬牛相合有情；更可以化解她們夫妻兩人的出生生肖的牛羊相沖，這樣的配合，相得益彰。

丁子高出生於一九七九年陽曆七月三十一日，八字是：

年　**己未**
月　**辛未**
日　**己亥**
時　〇〇

夏天出生己土，燥而裂，己土最愛火暖水潤，今夏天火旺已足夠，獨愛水潤，看他的名字中的子水，是本身己土命的天乙貴人，又是本身己土命的妻財星，又是在名字中的第二個字。

要知道：姓氏代表父母宮，中間一字代表夫妻宮，最後一字代表子女宮，所在必得賢妻，兼且財帶天乙貴人，生財有道。

註：楊千嬅，曾任職護士，一九九五年憑新秀歌唱比賽晉身樂壇，後歌而優則演，曾獲第二十三屆電影金像獎最佳女主角。她風格獨特，自成一格，雖然人稱大笑姑婆，但都掩飾不了她內心細緻的演技，不論唱歌及演藝都是獨當一面。

張學友

歌神張學友生於一九六一年陽曆七月十日。八字是：

年　辛丑
月　乙未
日　甲辰
時　〇〇

甲木生於未月夏天，火炎土燥，土多木弱，五行最愛水生木，木來助身，並喜愛金來生水，而且，甲木為棟樑之木，最愛金來雕刻成為有用之材。

張為姓氏，代表少年及父母宮，木來助身，少年平穩。

重點第二個學字，學中有「子」，子為癸水，首先可以生木；其次水可以潤燥調候天氣暑熱；而最重要一點，是可以化解本身命中的年月相沖。

歌神生於辛丑年、乙未月，年月丑未相沖，主不穩定，勞碌多，破意外之財，但是「子」可以合丑，化解了丑未相沖。

這就是中國真正姓名配合命理的奧妙，亦只有如此才可以化解命內刑沖，絕非算筆畫的組合可以比較。

第二個字「學」得用，是以中年行運得好妻。

第三個字「友」，友與酉同音，是五行同音取五行，金來生水助木；又可雕鑿木材以成大器，是以晚年子女運名氣財祿均如意。

註：歌神張學友為一九八四年首屆十八區業餘歌唱大賽冠軍，自此平步青雲，歌而優則演，並且獲獎無數，為香港十大傑出青年，世界十大傑出青年等等……獎項多不勝數。他更創造了華人歌手演唱會場次最多的紀錄，為健力士世界紀錄所認可。

周潤發

周潤發生於一九五五年陽曆五月十八日，生肖是羊，是生於夏天的羊。如果要替本命改名，首先要知道本命的出生月份，陽曆五月是立夏之後第一個月份，氣候漸熱，再加上生於香港南方的南丫島，是南方火旺之地，故熱上加熱，所以改名時首要不要與火有關的字，再其次土剋水死，木生火旺，都不合適，最利用金水字，使本命有調候的作用。

少年運 ⟶ 周

平頂屬土，吉字亦屬土。

中年運 ⟶ 潤

點水屬水

晚年運 ⟶ 發

發字頂是癸水字頭屬水，「殳」曲多是乙木，屬水木字。

「周」字是平頂，方正是屬土，中間的吉字有土頂，再加上地支未土的別名是「小吉」，所以周字必定屬土無疑。周字是姓，是代表出身，父母助力及少年運，我們先前知道周潤發生於夏令，最不宜見火字、土字，如今周字屬土，故此我們可以判斷本命少年出身平常，早年運反覆，並不能大展所長，而且將不能承斷父業，注定要白手興家。

「潤」字是有潤澤、滋潤、濕潤的意思，而且明顯見有三點水在旁，所以潤字五行在外表上、在形象上和意思上都是與水有關，如果再要將這個字數一數筆劃，才去查筆劃五行，就未免太過固執了。

依照姓名中間一個字是代表由三十歲至五十歲左右的運氣，所以我們可以判斷本命是在中年左右，必定可以大展所長，在事業上一展抱負，名成利就。而第二個字又代表妻子及同輩，故此本命必定可以得到妻子及朋友的助力，而達致成功的目的。

再者，生於夏天的人大致上有利於西、北，食神之星為用神，大多數可以在演藝界揚名，但命內水分不足，可喜的是由三十四歲一路行三十年水運，再加上名字中有潤字配合，水又多一重，故此揚名國際。

周杰倫

周董生於一九七九年陽曆一月十八日。八字是：

年　戊午
月　乙丑
日　乙酉
時　〇〇

冬天出生的花草之木，五行喜愛用木生火暖身，並且火為本命的藝術之星。

看周董名叫杰倫，分析如下：

周字原屬土，姓氏掌管少年運及父母宮，土屬閒神，土來剋水，水為木之父母星，是以父母一合一離。

杰為中年夫妻宮，杰字下邊四點是從火字部首，是一字之中兩個五行在內，配合命格所需要，是以中年從心所欲，並得賢美內助。

眾多美女均不愛，獨愛有以「日」字為部首的昆凌。

倫字為晚年子女宮，倫字為企人邊，本身是木則企人邊也是木，木能生火助身，是以晚年及子孫賢孝可以預卜。

註：台灣天王周杰倫，集創作歌手、演員、導演於一身，天才橫溢，令人讚嘆，最難得是事母至孝，在二〇一四年娶得美人歸。

馬榮成

漫畫界天王馬榮成生於一九六一年陽曆一月十六日。八字是：

年 **庚子**

月 **己丑**

日 **己酉**

時 **〇〇**

己土為濕泥之土，最愛火暖，以生養萬物，尤其是在冬月，是以取名最宜用木字部首、火字部首、土字部首、忌用金字部首、水字部首。

看「馬」管少年運、父母宮，馬字本身已經是午火，助土暖身，是以藝術天才早已盟生於幼年時期，早年顯露藝術天份，但是馬與本身肖鼠相沖，代表早年投入工作時，辛勞程度非外人能道，據説漫畫天王工作時間極長，經常以辦公室為家！從而建立起良好而穩固的事業基礎矣。

第二個字「榮」，管中年運及夫妻宮，榮中有兩火，下有一木，是一字兩五行的字，適當的配合命中所喜用，得賢內助持家之婦。

而且，火均生土為命中印星，而印星為物業，為房產，馬天王，就憑一枝畫筆，投資物業，獲利豐厚，讀者可以在互聯網上查證便可知道其詳了。

「成」字管晚年及子女下屬運，而成屬戊土、戌土，為燥土，燥土可以助身並且吸收水份，也是命中所需之物，是以晚年定卜子女成就，安享財祿。

註：馬榮成生於一九六一年，自小熱愛繪畫，二十一歲左右踏入漫畫行業，一九八九年成立天下出版社，其成名作「中華英雄」躍升為全港銷量最高的漫畫書。其作品更被搬上大銀幕拍成電影，他投資物業，資產以億元計。他的成功及努力，成為當時很多年輕人的借鏡及學習榜樣。

阮玲玉

阮玲玉生於一九一〇年陽曆六月三日亥時。八字是：

年 **庚戌**
月 **辛巳**
日 **己亥**
時 **己亥**

己土生於夏令身旺，土旺用庚金辛金洩秀氣，並且生水為財星潤燥，八字取名字喜用金部首、水字部首、忌火、土、木字部。

「阮」姓代表少年及父母宮，阮字右邊是元，五行屬金，為命中食神傷官藝術之星，是以少年時期，演藝事業已經突飛猛進，人見人愛。

而阮字左邊是「阜」字部首，五行屬土，土為忌神，土來劫財，財為父親，是以父命早亡！少年時期，一喜一忌。

「玲」字「玉」字為土字部首，五行屬土無疑問，而土是命中的忌神，而來剋水，首先劫掠財富；而最重要的是：女命最忌劫財，皆因劫財代表情敵，即是愛人的情人或者妻子，如果命中有劫財，更為忌神，代表一生之中最終成為別人的第三者。

是以阮玲玉一生的感情生活乏善足陳。

土來剋水、劫財、奪夫、埋金……一代藝人終於在二十六歲因服安眠藥失救而魂歸天國，命人惋惜！

筆者在此强調説明：並不是用忌神字都會夭亡，必須先要本身命中是早夭的結構，才會導致，要知道，八字為先天好比一台汽車，名字好比汽油，好的汽油，絕對可以優化汽車的性能，但是不可以改變汽車的本質。

即使是本身不是優質汽車，如果可以配合好的汽油，也可以在道路風馳電制，發揮所長，而在人生的路途上發光發熱！

註：阮玲玉，中國民國時期無聲電影的著名影星，被譽為民國四大美女，在上海出生，自幼於六歲喪父，童年於困難的環境長大，十六歲從影，成為最有號召力的默片時代女星。名成利就的阮玲玉，其後兩次經歷男朋友因情失義，為了爭奪金錢跟她對簿公堂，使她極度困擾，最後在二十六之妙齡服安眠藥自殺身亡。

李小龍

很多時文字與天干、地支可以配合運用，將得出的天干、地支融入八字之內，收到驚人的判斷。

李小龍生於一九四〇年陽曆十一月二十七日辰時，首先我們知道這個人的出生月份是冬天，冬天是水多的月份，是以為這個人取名的時候，首要不用水字邊、水字旁的文字。

而本命生肖屬龍，我在前面提到名字切不可與生年本命有刑沖，因為本命生年是當生太歲，在命理上而言是極為重要，是一生人的根基，絕不可以有動搖。

看看李小龍三個字，「李」字本身是木加子，子是水，所以有水生木的現象；「小」字從左右兩點看見水字，幸好是小水，影響不大；「龍」字是地支「辰」，五行是濕土，是水的墓庫，又等於濕泥，對本命有加強水氣的不利作用。

看看下圖如何配干支：

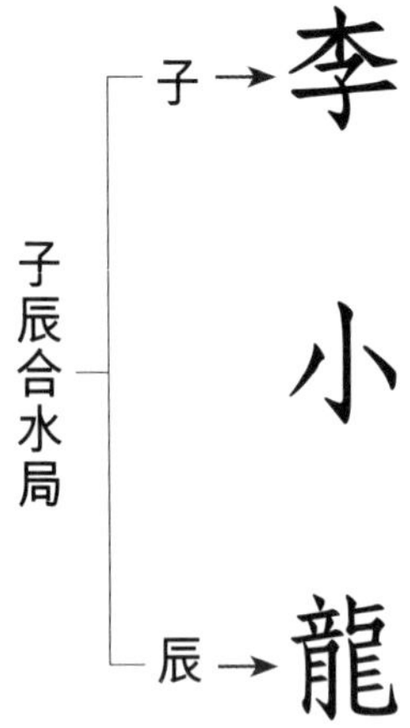

「李」字中子與龍字的辰相合，變成水局，大為不利。「小」字是壬癸水，配辰字得「壬辰」，是水通根的天干、地支，又是水局不利本命。

而最重要的是，李小龍生肖屬龍，取名龍字。我們知道凡肖龍者不宜用龍字，因為辰與自相刑，有刑生年的不吉利現象。

看到這裏，讀者應該明白到李小龍的早亡，並不是因為甚麼大凶劃數所影響，而是切切實實，受到天干、地支與八字五行的不和諧所引致。

我們將李小龍的八字排列，則可以窺探更多秘密。李小龍的生日是一九四〇年陽曆十一月二十七日辰時。

年 **庚辰**

月 **丁亥**

日 **甲戌**

時 **戊辰**

甲木冬生，身強用丁火傷官制煞為用神，是揚名武職之命格，行運最利木火，最忌水剋火。用字改名同論。

本命原來生於辰年、辰時，與龍字有兩組相刑，而生於甲戌日又有辰戌相沖，再與龍字相沖，於是乎動上加動，凶兆已見，再者名字中的水局，剋去月上的丁火，使庚金七煞直接剋身，產生凶禍。

看完上述例子，可以知道一個人的五行全在乎干支的配合為主，筆劃的配合為次，所以如果名字中有明顯的十二生肖字，例如子、丑、寅、卯、辰、巳、午、未、申、酉、戌、亥等字，又或者有天干字甲、乙、丙、丁、戊、己、庚、辛、壬、癸等在內，就要格外小心，看看有否與自己本身的年月日時有刑沖，才可運用。

翁美玲

著名電視紅星翁美玲，在一九八五年夏天在寓內身亡，當時轟動全香港，因為在那個時候，翁美玲的事業正因為《射鵰英雄傳》一劇之中，演活了黃蓉一角而冒起，繼而接拍多個劇集，前途無可限量，所以令人十分惋惜。

在這裏我們可以研究一下這個名字的好壞。首先我們要知道翁小姐生於一九五九年陽曆五月七日丑時，屬於夏天的命。生於夏天的命，最忌用火及土，最喜用金與水，木平常。

翁美玲三個字，「翁」是姓氏，代表早年，「美」是由二十五六歲左右至五十歲左右，「玲」字代表由五十歲之後的運程，每一個字的五行如下：

翁 ← 羽毛是陰木

美 ← 羊字頂是土

玲 ← 王字邊是土

翁字由「公」字與羽字共合而成，一切毛髮羽毛絲線五行都是陰木，即是乙木。由於翁美玲本身命是火旺，少年行翁字，木生火旺，不是喜用，所以少年運平平常常，但喜是乙木陰柔，生火之力不足，所以為害不大。

「美」字是羊字頂，羊是未土，亦即是陽土，土中有火，是命中忌神，所以由二十五六歲起進入「美」字運內，便遭逢噩運。

餘下的「玲」字，亦是土字，由於「王」字邊其實是玉石部首，所以由二十五六歲以後一路至中晚年，均是忌運，對命中的補救不足。

讀者們要知道，命中有夭折基因，好的名字是可以起補救之力，相反，壞的名字對命理起催化壞運的作用，看看翁美玲的生辰八字排列如下：

年　己亥
月　己巳
日　己丑
時　乙丑

大運：
10 庚午
20 辛未

生於己亥年，己巳月，己丑日，乙丑時。命是己土，生於夏令是燥裂的土，不能生養萬物，本身先天有不平衡的現象，必須金生水助才能有用，本命年支有亥水可以起調候的作用，但不利年月有巳亥相沖，旺火將水沖散化蒸氣，是夭折之先機。

有懂命理的朋友可能看見有兩點丑土，丑中有辛金、癸水，是否可以有幫助？

在正常情形下是有助力的，但是可惜由二十六歲至二十九歲行未土運，未土沖丑，將命中唯一兩點癸水沖走，至此用神全傷而逢不測之禍。

由於本命喜見金水，故此「湯」姓的男朋友是本命的至愛，因為命中喜愛見水之緣故，但「湯」中又有「日」字太陽，火生土旺，一喜一忌，正好反映了小情人當時的交往情況。

由於「翁」字是乙木，「美」字是未土，正好配合成乙未干支，是本命的七煞星，是代表凶禍、小人、疾病、壓力，亦非所宜。

如果有以上的命要改名，我們可以同音字的方式，將本身的「玲」字，改為「鈴」，則可以有洩土生水之功。又可以用雨字頂的「零」字屬水字，又或者用「靈」字，雨字頂亦是水字，是有一定的補救作用。

玲→鈴→零→靈

參考書目：

- 《三命通會》
- 《大六壬》
- 《淵海子平》
- 《辭海》
- 《辭淵》
- 《康熙字典》
- 《江蘇廣陵古籍刻印社術數類古籍大全》
- 《欽定四庫全書子部術數類》
- 《野鶴老人占卜全書》
- 《周易尚占》
- 《邵康節梅花易數》
- 《火珠林》
- 《熊崎式姓名學》

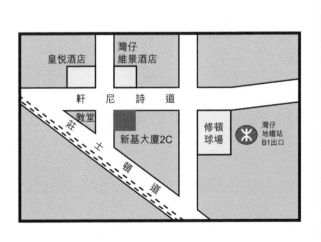

姓名學精粹

作者

鄺偉雄

編輯

梁美媚

美術統籌及設計

Amelia Loh

美術設計

Charlotte Chau

造型攝影

Polestar Studio

出版者

圓方出版社

香港北角英皇道 499 號北角工業大廈 18 樓

營銷部電話：(852) 2138 7961

電話：2138 7998

傳真：2597 4003

電郵：marketing@formspub.com

網址：http://www.formspub.com

http://www.facebook.com/formspub

發行者

香港聯合書刊物流有限公司

香港新界大埔汀麗路 36 號

中華商務印刷大廈 3 字樓

電話：2150 2100

傳真：2407 3062

電郵：info@suplogistics.com.hk

承印者

亨泰印刷有限公司

香港柴灣利眾街 27 號德景工業大廈 10 樓

出版日期

二Ｏ一五年六月第一次印刷

ISBN 978-988-8325-31-3

Published in Hong Kong

瀏覽網站

會員申請

歡迎加入圓方出版社「正玄會」

登記成為「正玄會」會員
• 可收到最新的玄學新書資訊 •
• 書展"驚喜電郵"優惠 * •
• 可優先參與圓方出版社舉辦之玄學研討會及教學課程 •
• 每月均抽出十位幸運會員，可獲精選書籍或禮品 •
* 幸運會員將會收到驚喜電郵，於書展期間享有額外購書優惠

• **您喜歡哪類玄學題材？**(可選多於 1 項)
□風水 □命理 □相學 □醫卜 □星座 □佛學 □其他 ______
• **您對哪類玄學題材感興趣，而坊間未有出版品提供，請說明：**
______
• **此書吸引你的原因是？**(可選多於 1 項)
□興趣 □內容豐富 □封面吸引 □工作或生活需要
□作者因素 □價錢相宜 □其他______
• **您從何途徑擁有此書？**
□書展 □報攤 / 便利店 □書店 (請列明：______)
□朋友贈予 □購物贈品 □其他 ______
• **您覺得此書的價格：**
□偏高 □適中 □因為喜歡，價錢不拘
• **除玄學書外，您喜歡閱讀哪類書籍？**(可選多於 1 項)
□食譜 □旅遊 □**心靈勵志** □**健康美容** □語言學習 □小說
□兒童圖書 □**家庭教育** □**商業創富** □文學 □**宗教**
□其他______

姓名：______ □男 / □女 □單身 / □已婚
聯絡電話：______ 電郵：______
地址：______
年齡：□ 20 歲或以下 □ 21-30 歲 □ 31-45 歲 □ 46 歲或以上
職業：□文職 □主婦 □退休 □學生 □其他______
填妥資料後可：
寄回：香港英皇道 499 號北角工業大廈 18 樓「圓方出版社」
或傳真至：(852) 2597 4003
或電郵至：marketing@formspub.com

* 請剔選以下適用的項目
□我已閱讀並同意圓方出版社訂立的《私隱政策》聲明# □我希望定期收到新書及活動資訊

有關使用個人資料安排
您好！為配合《2012 年個人資料（私隱）（修訂）條例》（《修訂條例》）的實施，包括《2012 年個人資料（私隱）（修訂）條例》中的第 2(b) 項，圓方出版社（香港）有限公司（下稱"本社"）希望閣下能充分了解本社使用個人資料的安排。
為與各曾跟圓方出版社（香港）有限公司接觸的人士及已招收的會員保持聯繫，並讓閣下了解本社的最新消息，包括新書推介、會員活動邀請、推廣及折扣優惠訊息、問卷調查、其他文化資訊及收集意見等，本社會不時向各位發放相關信息。本社會使用您的個人資料（包括姓名、電話、傳真、電郵及郵寄地址），來與您繼續保持聯繫。
除作上述用途外，本社將不會將閣下的個人資料以任何形式出售、租借及轉讓予任何人士或組織。

請填妥後對摺，黏貼後即可直接郵寄謝謝

請貼郵票

寄

香港英皇道499號
北角工業大廈18樓
「圓方出版社」收

圓方出版社

正玄會

• 尊享購物優惠 •

• 玄學研討會及教學課程 •